STARK

Harper Lee

# To Kill a Mockingbird

**INTERPRETATION**

von Dieter Ulm

STARK

**Bildnachweis**
Umschlag: © Allstar Picture Library
S. 3: © Time & Life Pictures/Getty Images
S. 10: © David Davis/Dreamstime.com
S. 29: © Allstar Picture Library
S. 49: United States Fish and Wildlife Service
S. 79: © Allstar Picture Library


www.stark-verlag.de

# Inhalt



**Autor:** Dieter Ulm

# Vorwort

**Liebe Schülerinnen, liebe Schüler,**

diese Interpretationshilfe ermöglicht Ihnen ein vertieftes Verständnis von Harper Lees Roman *To Kill a Mockingbird* und unterstützt Sie bei der Lektüre wie auch bei der Vorbereitung auf Unterricht und Klausuren.

Der erste Abschnitt informiert über die **Biografie der Autorin** und die Entstehung ihres Werks. Eine ausführliche **Inhaltsangabe** hilft Ihnen, den Roman im Ganzen zu überschauen, und hebt wichtige Einzelheiten hervor. Das Kapitel **Textanalyse und Interpretation** enthält Charakterisierungen der Personen, Analysen von Form, Erzählstruktur, Sprache und Symbolik, eine Darstellung der Thematik, sowie die Interpretation einiger Schlüsselstellen. Im letzten Teil wird die **Verfilmung** des Romans behandelt, wobei vor allem auf die Unterschiede zwischen Buch und Film eingegangen wird. Hinweise auf **weiterführende Literatur** schließen das Buch ab. Hier finden Sie auch Angaben zur benutzten Textausgabe und zur zitierten Sekundärliteratur.

Ich wünsche Ihnen viel Freude und Erfolg bei der Beschäftigung mit einem der bekanntesten und beliebtesten amerikanischen Romane.

Dieter Ulm

# Einführung

Als Barack Obama am 20. Januar 2009 als 44. Präsident der USA auf den Stufen des Kapitols den Amtseid ablegte, war dies für viele Amerikaner ein symbolträchtiger Abschluss eines über 400 Jahre alten, dunklen Kapitels ihrer Vergangenheit. Die Leidensgeschichte der Afroamerikaner, die mit der Verschleppung und Versklavung von Millionen Menschen begann, und sich auch nach Abschaffung der Sklaverei fortsetzte, schien mit der Wahl eines schwarzen Bürgers zum höchsten Repräsentanten der ganzen Nation an ihr Ende gekommen zu sein. Dass ein solches Ereignis vor einem Menschenalter noch undenkbar gewesen wäre, zeigt auf eindrucksvolle Weise Harper Lees Roman *To Kill a Mockingbird.*

Die Geschichte spielt in den 30er-Jahren, als die *Great Depression* die Existenz der Baumwollfarmer in den Südstaaten bedrohte und die Lebensgrundlage vor allem der ärmeren Bevölkerung zerstörte. Durch die Deklassierung der weißen Unterschicht kam es zu einer verschärften Ausgrenzung und Diskriminierung der ohnehin weitgehend rechtlosen schwarzen Minderheit. Gewaltsame Übergriffe nahmen zu und die traditionelle soziale Ordnung geriet immer mehr aus den Fugen.

Vor diesem dunklen Hintergrund erzählt der Roman von einer unbekümmerten Kindheit, in der sich der Glaube an Vernunft und Menschlichkeit allen Widerständen zum Trotz behaupten kann. Obwohl Unrecht und Brutalität nicht beschönigt werden, ist *Mockingbird* nicht in erster Linie eine rassismuskritische Anklage geworden, sondern die atmosphärisch dichte Beschreibung einer heute weitgehend verschwundenen kleinstädtischen Gesellschaft des amerikanischen Südens.

Seine literarische Qualität verdankt der Roman der erzählerischen Meisterschaft der Autorin. Durch die kindliche Perspektive der kleinen Scout erzielt Harper Lee eine humorvolle und zugleich nostalgische Wirkung. Immer wieder kommt es zu Szenen und Bildern, die man als Leser so leicht nicht vergisst. Im ersten Teil herrscht die Welt kindlicher Abenteuer vor und im Mittelpunkt des zweiten steht eine spannungsreiche Gerichtsverhandlung. Außerdem weist der Roman eine Fülle einzigartiger Charaktere auf, deren Vielfalt und Farbigkeit dem Leser die Menschen und ihre Lebensumstände unmittelbar nahebringen. So fühlen wir mit dem unschuldig angeklagten Tom Robinson und bewundern den Mut seines Anwalts Atticus Finch.

Es kann daher nicht überraschen, dass das amerikanische Publikum, und nicht nur dieses, den Roman in sein Herz geschlossen hat. Kaum ein anderes Buch hat in den USA eine solche Breitenwirkung entfaltet. So gaben beispielsweise bei einer 1991 von einem Buchklub veranstalteten Umfrage die meisten Leser an, *Mockingbird* sei nach der Bibel die wichtigste Lektüre ihres Lebens gewesen. Kurz nach seinem Erscheinen in den frühen 60er-Jahren trug der Roman wesentlich dazu bei, überall im Land ein stärkeres Bewusstsein für Ungerechtigkeit und Unterdrückung der schwarzen Bevölkerung zu schaffen. Bis heute gehört *Mockingbird* zum Standardrepertoire amerikanischer Schulen. Die Filmversion des Buches gehört zu den besten Literaturverfilmungen überhaupt und wurde zu einem Hollywood-Klassiker, der einen weit über das Lesepublikum hinausgehenden Einfluss ausübte.

Präsident George W. Bush dürfte nicht nur im Namen Amerikas gesprochen haben, als er 2007 anlässlich der Verleihung der *Medal of Freedom* an Harper Lee sagte: "*To Kill a Mockingbird* still touches and inspires every reader. [...] It has influenced the character of our country for the better. It's been a gift to the entire world. [...] this book will be read and studied forever."[1]

# Harper Lee und die Entstehung ihres Romans

Harper Lee im Jahr 1961

Als *To Kill a Mockingbird* 1960 erschien, ahnte niemand, dass dieser Roman zu einem Bestseller werden sollte. Am meisten überrascht war die Autorin selbst. Statt des erwarteten Misserfolgs erreichten die Verkaufszahlen astronomische Höhen. Zwei Jahre nach der Veröffentlichung lagen sie bei über vier Millionen Exemplaren. Im Jahr 2000 waren es etwa 30 Millionen. Inzwischen wird die Zahl einschließlich der Übersetzungen auf über 40 Millionen geschätzt. Erstaunlicherweise ist *Mockingbird* lange Zeit Harper Lees einziges literarisches Werk geblieben. Über die Gründe kann nur spekuliert werden. Lee selbst hat auf entsprechende Fragen immer ausweichend reagiert. Einer Antwort kommt man näher, wenn man sich mit ihrer Biografie und der Entstehungs- bzw. Wirkungsgeschichte des Romans beschäftigt.

Nelle Harper Lee wurde am 28. April 1926 als jüngstes von vier Kindern des Anwalts Amasa Coleman Lee und seiner Frau Frances Cunningham Finch in Monroeville, einer Kleinstadt im südlichen Alabama, geboren. Beide Eltern kamen aus alteingesessenen Südstaatenfamilien. Der Vater war nicht nur durch seine Anwaltspraxis, sondern auch als Lokalpolitiker und Herausgeber der Zeitung *The Monroe Journal* eine angesehene Persönlichkeit. Die Mutter galt als gebildet und künstlerisch begabt, litt aber zunehmend unter den Symptomen einer psychischen Erkrankung, die es ihr unmöglich machte, ihren Kindern Wärme und Zuneigung zu geben. Nelle – den Vornamen Harper verwendete sie erst als Buchautorin – und ihre Geschwister waren weitgehend sich selbst überlassen bzw. auf die farbige Hausangestellte Hattie angewiesen, aus der im Roman Calpurnia wurde. Zu den wichtigsten Bezugspersonen des kleinen Mädchens gehörten außer dem Vater, dem Vorbild für Atticus, ihr Bruder Edwin (Jem) und der zeitweise in der Nachbarschaft wohnende Spielgefährte Truman Streckfus Persons (Dill), der sich später nach seinem Stiefvater Capote nannte und ebenfalls ein erfolgreicher Romanautor wurde.

Als rebellische und eigenwillige Absolventin der Monroe County High School und ab 1944 des Huntingdon College in Montgomery, der Hauptstadt von Alabama, hatte Nelle bei ihren Lehrern und Mitschülern den Ruf einer Außenseiterin. Huntingdon College war eine methodistische Gründung zur Erziehung junger Damen nach strengen Regeln. Nelle fühlte sich in dieser Umgebung nicht wohl. Sie blieb meist für sich, um zu lesen oder Kurzgeschichten zu schreiben. Schon nach einem Jahr wechselte sie zur University of Alabama in Tuscaloosa.

Dem Vorbild des Vaters und ihrer älteren Schwester Alice folgend, studierte sie Jura. Obwohl sie die Freiheiten des Universitätslebens schätzte, galt sie auch hier als Einzelgängerin. Lediglich durch ihr Engagement als Redakteurin der satirischen Studentenzeitung *Rammer Jammer* ist sie einigen ihrer damaligen Bekannten in Erinnerung geblieben. In diese Zeit fällt ein Studienaufenthalt in Oxford, England, der sie als Liebhaberin der englischen Literatur des 18. und 19. Jahrhunderts sehr beeindruckte. Dieser und ein weiterer Besuch in Oxford viele Jahre danach blieben, soweit bekannt ist, die einzigen Auslandsreisen ihres Lebens.

Nach der Rückkehr aus England entschloss sie sich, sehr zum Leidwesen ihres Vaters, das Jurastudium aufzugeben und Schriftstellerin zu werden. Sie verließ Alabama und ging nach New York. Die ersten Jahre waren schwierig. Sie arbeitete in einem Buchladen, danach als Angestellte für eine amerikanische und später für eine britische Fluggesellschaft. Eine großzügige Geldspende von Freunden ermöglichte es ihr, sich ganz auf ihre schriftstellerische Tätigkeit zu konzentrieren. Es dauerte etwa acht Jahre, bis sie ein Romanmanuskript fertiggestellt hatte, das ihr Agent Maurice Crain dem Lippincott-Verlag vorlegen konnte. Unter Anleitung der Verlagslektorin Tay Hohoff arbeitete sie weitere drei Jahre an *Atticus,* wie der Roman heißen sollte.

Als Hauptproblem erwies sich die Verbindung der Einzelepisoden, aus denen das Werk zunächst bestand, durch eine zusammenhängende Storyline. Eine weitere Schwierigkeit betraf die Erzählperspektive. Nacheinander versuchte sie es mit einem objektiven Erzählstandpunkt, einem subjektiven Ich-Erzähler und einer Mischung aus mehreren Blickwinkeln. Dreimal hatte sie das Buch bereits überarbeitet, da verlor sie an einem Winterabend die Geduld und warf das Manuskript aus dem Fenster ihres Apartments hinaus in den Schnee. Sie rief Tay Hohoff an, der es gelang, sie zu beruhigen. Schließlich raffte sie sich auf und sammelte die Blätter wieder ein. Ohne Hohoffs energische Intervention und tatkräftige Mithilfe bei der Fertigstellung wäre *Mockingbird* möglicherweise nicht erschienen.

Gerüchte, wonach Nelles Jugendfreund Truman Capote an der Entstehung des Buches beteiligt gewesen sein soll, haben sich als haltlos erwiesen. Richtig ist vielmehr, dass Nelle ihrerseits Capote bei der mehrere Jahre dauernden Recherche zu seinem Hauptwerk *In Cold Blood,* einem dokumentarischen Roman über einen spektakulären Mordfall, intensiv unterstützt hat. Der Umstand, dass Capote Nelles Mithilfe in seinem Buch nicht erwähnt, trug zur Entfremdung zwischen ihnen bei. Der ehrgeizige und auf seinen Ruf bedachte Schriftsteller war eifersüchtig auf den Erfolg ihres Romans. Dass *Mockingbird* den von ihm selbst begehrten Pulitzer-Preis gewann, konnte er Nelle nicht verzeihen.

Im Herbst 1960 erschien *To Kill a Mockingbird* im Lippincott-Verlag, New York. Es dauerte nur wenige Wochen und der Roman war in aller Munde. Eine Flut von Briefen, Anrufen, Interviews und Einladungen brach über die überraschte Autorin herein. Von nun an stand sie im Blickpunkt der Medien und der literarischen Öffentlichkeit. Wohl oder übel musste sie sich in die Rolle einer berühmten Schriftstellerin finden. Sie tat dies widerwillig, aber nicht ohne Geschick. Mit trockenem Humor parierte sie Fragen der Journalisten und lernte, bei ihren Auftritten das Publikum mit Witz und Charme für sich zu gewinnen. Am wohlsten fühlte sie sich jedoch, wenn sie nach Monroeville zu ihrer Familie zurückkehren konnte. Hier versuchte sie, die nötige Ruhe zu finden, um an einem weiteren Roman zu arbeiten.

Im Jahr 1962 wurde *Mockingbird* mit dem Hollywoodstar Gregory Peck in der Hauptrolle verfilmt. Er besuchte Nelle und ihren Vater in Monroeville, um sich vor Ort einen Eindruck von den Menschen und der Atmosphäre zu verschaffen. Ende 1962 kam *Mockingbird* in die Kinos. Der Film erhielt mehrere Oscars, darunter für den besten Hauptdarsteller und das beste Drehbuch. Lee, die zeitweise bei den Dreharbeiten anwesend war, äußerte sich begeistert über das Ergebnis.

Der Erfolg von Roman und Film setzte Lee einem hohen Erwartungsdruck aus. Obwohl sie wiederholt angekündigt hatte, an einer Fortsetzung zu arbeiten, vergingen die Jahre, ohne dass ein neues Werk von ihr erschien. Spekulationen über unveröffentlichte Manuskripte machten die Runde und führten dazu, dass sie seit 1964 keine ausführlichen Interviews mehr gab und sich immer mehr aus der Öffentlichkeit zurückzog. Wahrscheinlich fühlte sie sich dem Anspruch nicht gewachsen, ein weiteres Werk zu schaffen, das neben *Mockingbird* Bestand haben würde. Auf die Frage eines Verwandten, wann denn ein neues Buch von ihr zu erwarten sei, gab sie einmal die bezeichnende Antwort: "Richard, when you're at the top there's only one way to go."[2]

Ende der 60er-Jahre entwickelte sich zwischen ihr und ihrem Agenten Maurice Crain eine enge Freundschaft. Als Crain 1970 starb, war dies für sie ein schwerer Verlust. Sein Tod und der von Tay Hohoff besiegelten ihre literarische Vergangenheit. Viele Jahre lebte sie zurückgezogen in ihrer kleinen Wohnung in New York. Gelegentlich besuchte sie ihre Schwester in Monroeville. Nachdem Nelle im November 2007 einen Schlaganfall erlitt, wohnten beide zusammen in ihrer Heimatstadt.

In ihren letzten Jahren bekamen nur wenige Menschen Harper Lee zu Gesicht. Es hieß, sie lese viel und sitze an ihrer Schreibmaschine, spreche aber niemals über ihre literarische Produktion. Anfang 2015 kündigten dann ein amerikanischer und ein britischer Verlag gemeinsam einen zweiten Roman an und sorgten damit für eine literarische Sensation. Als *Go Set a Watchman* („Gehe hin, stelle einen Wächter") im Juli 2015 erschien, stellte sich heraus, dass es sich um die Urfassung von *Mockingbird* handelte. Nur wenige Monate später starb Harper Lee am 19. Februar 2016. Warum sich die Autorin mit der Veröffentlichung dieses vom Lippincott-Verlag zunächst abgelehnten und strukturell wie inhaltlich unbefriedigenden Werks einverstanden erklärt hat, wird wohl ihr Geheimnis bleiben.

# Inhaltsangabe

**Part One**

[1] Jean Louise Finch, genannt Scout, die inzwischen erwachsene Erzählerin, erinnert sich an ihre Kindheit in Maycomb, Alabama, Anfang der 30er-Jahre des vorigen Jahrhunderts. Sie und ihr Bruder Jem führen in der ländlichen, von Armut und Lethargie geprägten Kleinstadt ein weitgehend ungebundenes Eigenleben. Der Vater, Atticus Finch, entstammt einer alteingesessenen Familie und ist als Rechtsanwalt in Maycomb eine angesehene Persönlichkeit. Sein Umgang mit den Kindern ist verständnisvoll und tolerant. Die Stelle der zwei Jahre nach Scouts Geburt gestorbenen Mutter nimmt die farbige Haushälterin Calpurnia ein, deren strengere Erziehungsmethoden den Geschwistern nicht immer gefallen.

Scout berichtet ausführlich von den Ereignissen des Sommers 1933, als sie und Jem im Alter von sechs bzw. zehn Jahren den siebenjährigen Dill Harris kennenlernen. Er verbringt die Sommerferien bei seiner Tante Miss Rachel Haverford, die das Nachbarhaus bewohnt. Nicht weit davon entfernt steht auf einem verkommenen Grundstück das düstere Haus der Radleys. Hier lebt Arthur Radley, genannt Boo. Scout und Jem haben ihn noch nie gesehen, in ihrer Fantasie ist er jedoch zu einem furchterregenden Phantom geworden. Alles, was man über ihn weiß, beruht auf Gerüchten. Danach soll er nachts die Straßen unsicher machen, Menschen erschrecken und Tiere umbringen. Vor vielen Jahren hat sein Vater beschlossen, Boo einzusperren, nachdem dieser ihm ohne jeden Anlass eine Schere ins Bein gestochen hatte. Inzwischen ist der Vater längst verstorben und sein ältester Sohn Nathan wacht über den Bruder. Dill brennt darauf, den unheimlichen Mann zu sehen, obwohl Jem ihn eindringlich vor ihm warnt. Um nicht als Feigling zu gelten, geht Jem schließlich die Wette ein, sich dicht an das Radley-Haus heranzuwagen. Er rennt durch den Garten und berührt die Hauswand. So schnell sie können, ziehen sich die drei Kinder wieder zurück. Scout glaubt, eine Bewegung hinter einem der Fenster bemerkt zu haben.

Das Haus der Radleys

[2] Am Ende der Sommerferien reist Dill wieder ab. Für Scout beginnt nun die Schulpflicht. Der erste Schultag gerät jedoch zu einer Enttäuschung. Miss Caroline Fisher, eine junge, unerfahrene Lehrerin, tadelt Scout, weil sie bereits lesen und schreiben kann. Als Miss Caroline Scouts Mitschüler Walter Cunningham Geld für das Mittagessen leihen will, verweigert dieser die Annahme. Scout versucht, der Lehrerin den Grund zu erklären. Die Cunninghams borgen nie Geld, weil sie es nicht zurückzahlen können. Miss Caroline ist wütend über die Einmischung und Scout muss zur Strafe in der Ecke stehen.

[3] In der Pause will sich Scout für die erlittene Demütigung an Walter rächen, aber Jem hindert sie daran. Als Entschuldigung für das Benehmen seiner Schwester lädt er Walter zum Mittagessen nach Hause ein. Im Nachmittagsunterricht kommt es zu einem weiteren Zwischenfall. Die Lehrerin entdeckt eine Laus auf dem Kopf von Burris Ewell, einem unglaublich verwahrlosten Jungen aus der einschlägig bekannten Ewell-Sippe. Als sie ihn nach Hause schicken will, erklärt Burris trotzig, er habe für dieses Jahr seine Schulpflicht erfüllt, und verlässt den Klassenraum, wobei er Miss Caroline mit wüsten Flüchen aus der Fassung bringt. Am Abend teilt Scout ihrem Vater mit, sie habe beschlossen, nicht mehr zur Schule zu gehen, und berichtet von den Ereignissen des Tages.

[4] Das Schuljahr vergeht für Scout quälend langsam. Sie fühlt sich unterfordert und findet den Unterricht sinnlos. Auf dem Nachhauseweg entdeckt sie eines Tages zwei in Silberpapier gewickelte Kaugummistücke, die im Astloch einer Eiche vor dem Radley-Haus stecken. Als sie mit Jem am letzten Schultag vor den Sommerferien wieder an der Eiche vorbeikommt, ist dort eine Schachtel mit zwei alten Münzen hinterlassen worden. Jem hält die Geldstücke für wertvolle Glücksbringer und hebt sie in seinem Schatzkästchen auf. Ein paar Tage später stellt sich Dill ein. Zu dritt spielen sie mit einem alten Autoreifen. Scout klemmt sich hinein und wird von Jem die Straße hinuntergerollt. Der Reifen kracht gegen die Wand des Radley-Hauses. Scout ist einen Augenblick lang benommen, dann ergreift sie die Flucht. Später erinnert sie sich deutlich, aus dem Haus ein leises Lachen vernommen zu haben.

[5] Jem und Dill haben Scout vorübergehend von ihren Spielen ausgeschlossen. Sie sucht Anschluss bei Miss Maudie Atkinson, einer Nachbarin, der sie Vertrauen entgegenbringt. Das Gespräch kommt auf Boo Radley. Scout möchte wissen, warum er nie das

Haus verlässt. Miss Maudie meint, die streng religiöse Erziehung seines Elternhauses sei daran schuld. Unterdessen haben Jem und Dill einen Plan ausgeheckt, wie sie Boo eine Botschaft übermitteln können. Dill und Scout sollen die Straße beobachten, während Jem einen Brief mittels einer Angelrute auf dem Fenstersims deponiert. Bevor es dazu kommt, taucht Atticus unvermutet auf. Er ermahnt die Kinder, Boo in Ruhe zu lassen.

[6] Die Sommerferien gehen zu Ende. Am Abend vor Dills Abreise treffen sich die drei noch einmal in Miss Rachels Garten. Die Jungen haben beschlossen, durch ein Fenster einen Blick auf Boo zu erhaschen. Scout ist dagegen, hat aber keine andere Wahl als mitzugehen. Sie schleichen sich im Schutz der Dunkelheit an die rückwärtige Veranda des Radley-Hauses heran. Jem versucht, ins Innere zu schauen, als plötzlich der Schatten eines Mannes auftaucht, sich auf ihn zubewegt, vor ihm haltmacht und sich wieder entfernt. In panischer Angst stürzen die Kinder davon, wobei Jem an einem Drahtzaun hängen bleibt und in der Eile seine Hose zurücklassen muss. Kurz darauf fällt ein Schuss. Wie Nathan Radley den herbeigelaufenen Nachbarn erklärt, hat er sein Gewehr abgefeuert, weil ein Fremder in seinen Garten eingedrungen sei. Um nicht durch Abwesenheit Verdacht zu erregen, gesellen sich die Kinder zu der vor dem Haus versammelten Gruppe. Hier bemerkt Atticus, dass Jem seine Hose verloren hat. Dill rettet die Situation durch eine geschickte Ausrede. Jem möchte nicht, dass sein Vater die Wahrheit herausfindet, und schleicht sich spät in der Nacht noch einmal zum Garten der Radleys, um die Hose zu holen.

[7] Die nächste Woche hindurch wirkt Jem verstört. Schließlich vertraut er Scout an, was ihn bedrückt. Als er die Hose holte, hing sie zusammengefaltet über dem Zaun und der Riss war sogar geflickt worden, wenn auch nur laienhaft. In der Folgezeit finden die Geschwister immer wieder Gegenstände im Astloch,

die dort offenbar als Geschenke für sie versteckt worden sind. Darunter sind zwei aus Seife geformte kleine Figuren, die ihnen ähnlich sehen. Sie rätseln, wer der Spender sein könnte, und beschließen, einen Dankesbrief zu schreiben, den Jem in das Astloch schieben will. Am nächsten Morgen stellt er fest, dass jemand das Loch mit Zement verschlossen hat. Jem passt Nathan Radley ab und stellt ihn zur Rede. Dieser sagt, er habe das Loch versiegelt, weil der Baum krank sei. Jem, der den wahren Grund ahnt, reagiert betroffen und vergießt heimlich Tränen.

[8] Im Herbst erlebt Maycomb einen plötzlichen Wintereinbruch. Es schneit zum ersten Mal seit 1885. Die Schule fällt aus, und Jem und Scout bauen einen Schneemann. In der folgenden Nacht werden sie von Atticus geweckt. Miss Maudies Haus steht in Flammen. Die Kinder beobachten die bis zum Morgengrauen andauernden Lösch- und Rettungsarbeiten. Sie stehen dabei an der Gartentür vor dem Radley-Haus und frieren. Als der Brand vorüber ist, sitzen sie bei einer Tasse Kakao in der Küche und wärmen sich auf. Atticus bemerkt, dass Scout in eine Decke gehüllt ist, von der keiner weiß, woher sie stammt. Er meint, Boo Radley müsse sie ihr während des Brandes umgelegt haben. Scout schaudert es bei dem Gedanken, dass er unbemerkt hinter ihr gestanden haben könnte. Jem ist sehr aufgeregt, denn er sieht sich in seiner Vermutung bestätigt: Boo ist in Wirklichkeit ganz anders, als alle denken.

[9] Ein Streit zwischen Scout und ihrem Mitschüler Cecil Jacobs leitet eine schwere Zeit für die Familie Finch ein. Cecil hat in der Schule verbreitet, ihr Vater sei ein „Nigger-Verteidiger“. Atticus erklärt seiner Tochter, warum er den Fall eines Schwarzen übernehmen muss, obwohl er weiß, dass er den Prozess verlieren wird. Weihnachten verbringen Atticus, sein Bruder Jack und die Kinder bei Tante Alexandra auf Finch’s Landing, dem Stammsitz der Familie. Hier trifft Scout auf ihren ein Jahr älteren Cousin

Francis. Er genießt die Sympathie seiner Großmutter Alexandra, während Scout wegen ihres jungenhaften Benehmens und ihrer nachlässigen Kleidung ständig von ihr kritisiert wird. Nach dem Weihnachtsmahl kommt es zwischen Scout und Francis zu einem heftigen Streit. Er bezeichnet Atticus als „nigger-lover" und provoziert Scout so lange, bis sie ihm einen kräftigen Faustschlag ins Gesicht versetzt. Auf sein Geschrei hin eilen alle herbei. Francis wird von der Tante getröstet und Scout von Onkel Jack gezüchtigt. Nach Hause zurückgekehrt, zieht sich Scout schmollend in ihr Zimmer zurück. Erst nachdem der Onkel von Francis' beleidigenden Äußerungen über Atticus erfahren hat, sieht er ein, dass die Bestrafung voreilig war. Am späten Abend wird Scout zufällig Zeugin eines Gesprächs zwischen den beiden Brüdern. Atticus erklärt Jack, warum er Tom Robinson, einen farbigen Landarbeiter, verteidigen müsse. Wenn er es nicht tue, könne er seinen Kindern später nicht mehr in die Augen sehen.

[10] Die Kinder machen sich Gedanken über ihren Vater. Er ist so ganz anders als die meisten Väter, interessiert sich nicht für Sport, geht nicht auf die Jagd, trinkt nicht, raucht nicht und ist in ihren Augen eigentlich ein Versager. Eines Tages kommt es jedoch zu einem Zwischenfall, der Atticus erheblich in ihrer Achtung steigen lässt. In der Nähe ihres Hauses treibt sich ein verdächtiger Hund herum. Calpurnia wird gerufen und erkennt sofort, dass das Tier von der Tollwut befallen ist. Sie alarmiert Atticus und die Nachbarn. Wenig später ist er mit Heck Tate, dem Sheriff, zur Stelle. Aus der Entfernung beobachten Jem und Scout, wie Tate, der kein allzu sicherer Schütze zu sein scheint, Atticus sein Gewehr aufdrängt. Dieser zögert, legt dann aber doch an und tötet den Hund mit einem einzigen Meisterschuss. Von Miss Maudie erfahren die Kinder, dass ihr Vater in jungen Jahren als bester Schütze des ganzen Bezirks bekannt war. Jem, der aus dem Staunen nicht herauskommt, versteht nicht, warum Atticus nie davon gesprochen hat. Miss Maudie meint, jemand

wie sein Vater sei niemals stolz auf angeborene Fähigkeiten, und Jem zieht daraus den Schluss, Atticus müsse ein Gentleman sein.

[11] Zwei Häuser weiter wohnt Mrs Henry Lafayette Dubose, eine furchterregende alte Dame, die angeblich stets einen Armeerevolver aus Bürgerkriegszeiten bei sich trägt. Wenn Scout und Jem an ihrem Grundstück vorbeigehen, lässt sie keine Gelegenheit aus, die beiden auf bösartige Weise zu beschimpfen. Als sie eines Tages die Bemerkung macht, Atticus sei nicht besser als die „Nigger", für die er arbeite, bekommt Jem einen Wutanfall und schlägt sämtlichen Kamelienstauden in ihrem Vorgarten die Köpfe ab. Atticus schickt seinen Sohn am Abend zu Mrs Dubose hinüber. Dort soll er seine Strafe von ihr selbst in Empfang nehmen. Als er zurückkommt, ist er sehr niedergeschlagen. Sie verlangt, er solle ihr jeden Tag zwei Stunden lang etwas vorlesen. Mit Scout als Begleitung tritt Jem in der Woche darauf seine Strafe an. Mrs Dubose liegt im Bett und macht in ihrem gebrechlichen Zustand einen abstoßenden Eindruck. Jem liest eine Weile aus *Ivanhoe,* dann scheint sie einzuschlafen. Alle folgenden Vorlesestunden verlaufen nach dem gleichen Muster. Nach mehreren Wochen, die Jem und Scout wie eine Ewigkeit erscheinen, ist das Vorleseritual beendet. Bald darauf stirbt Mrs Dubose in Atticus' Beisein. Am Abend ihres Todes erklärt er seinen Kindern, sie sei durch eine schmerzhafte Krankheit morphiumsüchtig geworden, habe sich aber mithilfe der Vorlesestunden von der Sucht befreien können.

**Part Two**

[12] Die Zeit vergeht. Jem wird zwölf und fühlt sich gegenüber seiner vier Jahre jüngeren Schwester sehr erwachsen. Scout kommt sich verlassen vor, zumal Dill dieses Jahr den Sommer bei seinem neuen Stiefvater verbringen soll. Atticus ist mit Politik beschäftigt und selten zu Hause. Eines Sonntags nimmt Calpurnia die Geschwister mit in den Gottesdienst ihrer

schwarzen Methodistengemeinde. Der Pfarrer und die anderen Kirchgänger empfangen die beiden Gäste freundlich und zuvorkommend. Der Protest der streitsüchtigen Lula bleibt die einzige Ausnahme. Gegen Ende des Gottesdienstes spenden alle für den Lebensunterhalt von Tom Robinsons Frau und Kindern. Niemand darf den Versammlungsraum verlassen, bis die benötigten zehn Dollar beisammen sind. Auf dem Heimweg haben Jem und Scout eine Menge Fragen, die Calpurnia geduldig beantwortet. So stellt sich heraus, dass nur vier der etwa hundert Gemeindemitglieder lesen und schreiben können.

[13] Tante Alexandra ist von Finch's Landing herübergekommen, um nach dem Rechten zu sehen und vorläufig das Regiment zu übernehmen. In Maycomb eilt ihr der Ruf voraus, ein Hort des Anstands und der guten Sitten zu sein. Sie ist unzufrieden mit der Art und Weise, wie Atticus seine Kinder erzieht. Besonders Scout bedarf ihrer Meinung nach einer starken weiblichen Hand, damit sie lernt, wie man sich als angehende junge Dame kleidet und benimmt. Von ihrem Bruder Atticus erwartet sie, dass er Jem und Scout über ihre Verpflichtungen als Mitglieder der angesehensten Familie im Bezirk von Maycomb belehrt. Atticus, dessen Familienstolz nicht besonders ausgeprägt ist, scheitert, sehr zur Erleichterung der Kinder, kläglich an der ihm unangenehmen Aufgabe.

[14] Immer häufiger bekommen Jem und Scout die feindselige Stimmung eines Teils der Bevölkerung zu spüren. Auch innerhalb der Familie wachsen die Spannungen. Eines Abends werden die Kinder, nachdem sie sich heftig gestritten haben, vorzeitig zu Bett geschickt. Als Scout sich schlafen legen will, taucht plötzlich Dill auf, der sich in ihrem Zimmer versteckt hat. Er erzählt abenteuerliche Geschichten von seiner Flucht vor angeblichen Misshandlungen durch seinen Stiefvater. Atticus wird gerufen und informiert Miss Rachel von der Ankunft ihres Neffen.

Dill bekommt die Erlaubnis, die Nacht bei Jem und Scout zu verbringen.

[15] Ein paar Tage vor Beginn der Gerichtsverhandlung gegen Tom Robinson erscheint Heck Tate in Begleitung einiger Männer, um Atticus vor dem weißen Mob von Maycomb zu warnen. Es sei beabsichtigt, den Angeklagten gewaltsam aus dem Gefängnis zu befreien und zu lynchen. Am Abend eines wie üblich langweiligen Sonntags tut Atticus etwas Ungewöhnliches: Er fährt, bewaffnet mit einer Glühbirne und einer Verlängerungsschnur, mit dem Auto in die Stadt. Jem hat Angst um ihn und schleicht sich im Schutz der Dunkelheit aus dem Haus. Scout und Dill schließen sich an. Sie finden Atticus, wie er im Schein der Glühbirne vor dem Eingang des Gefängnisses sitzt und Zeitung liest. Von ihrem Versteck aus beobachten die Kinder, wie vier Autos vorfahren. Etwa ein halbes Dutzend Männer steigt aus und baut sich vor Atticus auf. Einer fordert ihn auf, die Tür freizugeben. Scout, die keine Ahnung hat, was hier geschieht, drängt sich neugierig zwischen den Männern durch und läuft zu ihrem Vater, Jem und Dill folgen. Atticus befiehlt den Kindern, sich sofort zu entfernen, aber Jem verweigert ihm standhaft den Gehorsam. Die Spannung erreicht ihren Höhepunkt, als Scout in der Gruppe Mr Cunningham, Walters Vater, entdeckt, ihn anspricht und Grüße an seinen Sohn bestellt. Einen Augenblick lang herrscht Totenstille, dann fordert Cunningham die anderen zum Rückzug auf. Wortlos, wie sie gekommen sind, verschwinden die Männer. Tom Robinson hat vom Fenster seiner Zelle aus mitbekommen, was geschehen ist. Atticus kämpft mit den Tränen, als er ihm versichert, die Gefahr sei vorüber.

[16] Obwohl Atticus den Kindern am Prozesstag verboten hat, die Innenstadt aufzusuchen, machen sich Jem, Dill und Scout am Nachmittag auf den Weg zum Gerichtsgebäude. In der Stadt herrscht Volksfeststimmung. Familien verzehren ihre mitge-

brachten Vorräte, Kinder rennen herum und Mütter stillen ihre Säuglinge. Nach Schwarzen und Weißen getrennt, drängt die Menge langsam in den Gerichtssaal. Als die drei Kinder den Eingang erreichen, sind bereits alle Bänke besetzt. Reverend Sykes, der Prediger aus Calpurnias Kirchengemeinde, bringt sie schließlich auf der Galerie für Farbige unter, nachdem vier Schwarze ihnen bereitwillig ihre Sitzplätze überlassen haben.

[17] Die Verhandlung beginnt mit der Zeugenaussage des Sheriffs. Heck Tate berichtet, wie er am 21. November von Bob Ewell zu dessen Haus gerufen wurde. Dort habe er Ewells älteste Tochter Mayella mit erheblichen Verletzungen an Kopf und Armen vorgefunden. Sie habe angegeben, von Tom Robinson vergewaltigt worden zu sein. Auf die Frage nach der Art der Verletzungen sagt Tate aus, dass die rechte Gesichtshälfte und das rechte Auge von Schlägen gezeichnet gewesen seien. Dann wird Bob Ewell aufgerufen. Er versucht, durch großspuriges Auftreten und saloppe Redensarten Eindruck auf das Publikum zu machen und muss von Richter Taylor mehrfach ermahnt werden. Atticus lässt sich von Ewell bestätigen, dass Tates Beschreibung der Verletzungen zutreffend sei. Dann fordert er den Zeugen auf, seinen Namen zu schreiben. Dabei stellt er fest, dass Ewell Linkshänder ist.

[18] Als nächste Zeugin macht Mayella Ewell ihre Aussage. Sie wird zunächst von Mr Gilmer, dem Vertreter der Anklage, befragt und schildert, wie sie Tom Robinson an dem fraglichen Tag gebeten habe, eine alte Kommode im Hof zu zerhacken. Er sei ihr dann ins Haus gefolgt, habe sie dort geschlagen und vergewaltigt. Atticus erkundigt sich nach ihren Lebensumständen. Sie antwortet widerwillig, verrät aber dennoch mehr, als sie eigentlich zugeben möchte. Sie ist neunzehn und muss sich seit dem mehrere Jahre zurückliegenden Tod der Mutter um sieben jüngere Geschwister kümmern. Der Vater ist ein jähzorniger Nichts-

nutz und Trinker, der seine Familie und den Haushalt verkommen lässt.

Atticus bittet den Angeklagten aufzustehen, damit Mayella ihn identifizieren kann. Dabei wird für alle sichtbar, dass Toms linker Arm verkrüppelt ist und er die Hand nicht gebrauchen kann. Da Mayellas Verletzungen von einem Linkshänder stammen müssen, kommt Tom Robinson als Täter nicht infrage. Atticus lässt durch die geschickte Taktik seiner Vernehmung keinen Zweifel daran, dass Bob Ewell selbst seine Tochter misshandelt hat. Mayella ist wütend und voller Hass auf Atticus und das Gericht. Sie fühlt sich von allen im Stich gelassen und bricht in Tränen aus.

[19] Als letzter Zeuge macht Tom Robinson seine Aussage. Atticus fragt auch ihn zunächst nach seinen Lebensumständen. Tom sagt, er sei verheiratet, habe drei Kinder und arbeite für Mr Link Deas. Dann berichtet er, dass er auf dem Weg zur Arbeit täglich am Haus der Ewells vorbeigekommen sei und Mayella ihn des Öfteren zu kleinen Dienstleistungen aufgefordert habe. Am 21. November habe sie ihn ins Haus gebeten, wo er eine Tür reparieren sollte. Die Tür sei aber unbeschädigt gewesen. Im Haus habe statt des sonst üblichen Kinderlärms eine ungewöhnliche Stille geherrscht. Auf seine Frage, wo denn ihre Geschwister seien, habe Mayella lächelnd gesagt, sie hätte ihnen Geld gegeben und sie zum Eisessen in die Stadt geschickt. Wenig später sei er von ihr umarmt und geküsst worden. Er habe versucht, das Zimmer so schnell wie möglich zu verlassen. In diesem Augenblick sei Mr Ewell am Fenster aufgetaucht, habe seine Tochter beschimpft und gedroht, sie umzubringen. Was dann geschehen sei, wisse er nicht. Er sei um sein Leben gerannt, denn er habe gewusst, dass er in einer für einen Schwarzen gefährlichen Lage gewesen sei. Die anschließende Befragung durch Mr Gilmer fördert keine neuen Fakten zutage. Tom antwortet geschickt und lässt sich nicht aus der Fassung bringen. Als Gilmer ihn fragt,

warum er ohne Bezahlung für Mayella gearbeitet habe, unterläuft ihm allerdings eine Bemerkung, durch die er die Jury und die weißen Zuhörer gegen sich aufbringt. Er sagt, Mayella habe ihm leidgetan – eine aus dem Mund eines Schwarzen unerhörte Feststellung über eine weiße Person. Dill ist von Toms Behandlung durch den Vertreter der Anklage so mitgenommen, dass er zu weinen beginnt und von Scout aus dem Saal geführt werden muss.

[20] Draußen treffen Scout und Dill auf Mr Dolphus Raymond, der Dill einen Schluck aus einer Flasche anbietet. Er gilt in Maycomb als Trinker, aber die Flasche enthält nur Coca-Cola. Unter dem Siegel der Verschwiegenheit vertraut er den Kindern sein Geheimnis an. Seine Ehe mit einer schwarzen Frau wird von den Leuten nur deshalb toleriert, weil man ihn wegen seiner vermeintlichen Alkoholsucht für unzurechnungsfähig hält. Sobald sich Dill wieder besser fühlt, kehrt er mit Scout in den Gerichtssaal zurück. Atticus hat gerade sein Plädoyer begonnen. Er sagt, es könne keinen Zweifel an der Unschuld seines Mandanten geben. Die eigentlich Schuldigen seien Bob Ewell und seine Tochter. Mayellas Motiv sei eindeutig. Sie habe einen als unverzeihlich geltenden Verstoß gegen die gesellschaftlichen Normen begangen, indem sie einen Schwarzen geküsst und versucht habe, ihn zu verführen. Die Tat habe sie nur dadurch verbergen können, dass sie ihn der Vergewaltigung bezichtigte. Ihr Vater sei hinzugekommen, habe sie brutal misshandelt und dann Tom Robinson beschuldigt, wobei er darauf vertraut habe, dass man vor Gericht ihm und seiner Tochter mehr glauben würde als einem Farbigen. Atticus schließt mit grundsätzlichen Bemerkungen zu Rassismus und Gerechtigkeit. Gemäß der amerikanischen Verfassung seien alle Menschen gleich geschaffen. Daher gelte vor dem Gesetz Gleichheit als oberstes Prinzip. Es sei die moralische Pflicht der Geschworenen, den Angeklagten freizusprechen.

[21] Atticus hat gerade sein Plädoyer beendet, da betritt Calpurnia den Saal. Sie überreicht ihm eine Nachricht von Tante Alexandra, dass die Kinder verschwunden seien. Sie werden alsbald auf der Empore entdeckt und von Atticus nach Hause geschickt, dürfen aber nach dem Abendessen wiederkommen. Inzwischen beraten die Geschworenen in geschlossener Sitzung. Nach drei Stunden kommen sie in den Saal zurück. Richter Taylor fragt sie nach ihrem Urteil. Alle haben mit „schuldig" gestimmt. Jem, der fest mit einem Freispruch gerechnet hat, ist außer sich vor Wut. Scout ist so müde, dass sie die Szene nur wie in einem Albtraum erlebt. Mr Sykes stößt sie an und fordert sie auf, sich zu erheben. Sie blickt umher und sieht, wie alle Schwarzen aufgestanden sind, während Atticus durch den Mittelgang den Saal verlässt.

[22] Am nächsten Morgen wirkt Jem noch immer verstört. Atticus versichert, der Fall sei noch lange nicht abgeschlossen; er werde auf jeden Fall Berufung einlegen. Draußen stehen die Nachbarn zusammen und tuscheln. Miss Maudie ist die Einzige, die zu Atticus hält. Von Miss Stephanie Crawford erfahren die Kinder den neuesten Zwischenfall: Vor dem Postamt hat Bob Ewell Atticus abgepasst, ihm ins Gesicht gespuckt und ihm Rache angedroht.

[23] Das an Tom Robinson verübte Unrecht lässt Jem keine Ruhe. Im Gespräch mit Atticus stellt er das Jury-System infrage. Der Vater erklärt ihm, warum Gerechtigkeit in einer von Rassismus geprägten Gesellschaft nicht möglich sei. Er sieht aber in dem Umstand, dass die Jury für ihre Entscheidung mehrere Stunden gebraucht hat, ein Zeichen der Hoffnung. Scout und Jem unterhalten sich vor dem Schlafengehen noch lange über das Kastensystem von Maycomb. Sie können sich nicht recht erklären, wie es zu Klassenunterschieden kommen konnte und worauf sie beruhen.

[24] Auf Tante Alexandras ausdrücklichen Wunsch nimmt Scout, diesmal in Mädchenkleidern, an einer Versammlung der Missionsgesellschaft teil. Die herausgeputzten, dezent parfümierten und geschminkten Damen unterhalten sich über die Mrunas, einen heidnischen Stamm im fernen Afrika, dem sie ihre christliche Nächstenliebe angedeihen lassen wollen. Das Gespräch kommt bald auf die Schwarzen vor der eigenen Haustür. Man beklagt ihre angeblich zunehmende Aufsässigkeit. Mrs Farrow fürchtet sogar, die weißen Frauen Maycombs seien in ihren Betten vor nächtlichen Vergewaltigungen nicht mehr sicher. Atticus kommt ungewöhnlich früh nach Hause und bittet Alexandra hinaus in die Küche. Hier eröffnet er ihr, Tom Robinson sei, angeblich bei einem Fluchtversuch, auf dem Gefängnisgelände erschossen worden. Er bittet Calpurnia, ihn zu Toms Familie zu begleiten und sich um Toms Frau Helen zu kümmern, die noch nichts vom Schicksal ihres Mannes weiß.

[25] Die Sommerferien gehen zu Ende. Bevor Dill abreist, werden er und Jem Zeugen, wie Atticus Helen Robinson aufsucht. Als sie ihn sieht, fällt sie ohnmächtig zu Boden. Sie weiß ohne Worte, was sein Besuch bedeutet. Zwei Tage lang ist Toms Tod Stadtgespräch in Maycomb. Die Mehrheit der weißen Einwohner ist sich einig, dass er selbst an seiner Erschießung schuld sei. Nur Mr Underwood, der Herausgeber der Lokalzeitung, verurteilt in einem Leitartikel das Verhalten der Bewacher. Es sei eine Sünde, einen verkrüppelten Menschen zu töten, schreibt er. Beim Lesen des Artikels beginnt Scout zu verstehen, warum Tom trotz aller Bemühungen ihres Vaters keine Chance hatte, mit dem Leben davonzukommen.

[26] Wieder beginnt ein neues Schuljahr. Scout geht nun in die dritte Klasse. Die Lehrerin, Miss Gates, hat die Idee, aktuelle Themen im Unterricht zu behandeln. Jeder Schüler soll eine Zeitungsmeldung auswählen und darüber berichten. Cecil

Jacobs hat etwas über Hitler gelesen und trägt es vor. Einige Schüler wundern sich, warum es in Deutschland nicht verboten sei, Juden zu drangsalieren. Miss Gates erklärt daraufhin den Unterschied zwischen Diktatur und Demokratie. Amerika sei eine Demokratie und daher gebe es keine Vorurteile gegen bestimmte Bevölkerungsgruppen und keine Verfolgungen. Scout ist verwirrt, denn sie erinnert sich an ein Gespräch zwischen Miss Gates und Stephanie Crawford unmittelbar nach der Gerichtsverhandlung gegen Tom Robinson. Damals hörte sie Miss Gates sagen, es sei an der Zeit, den Schwarzen eine Lehre zu erteilen, sonst glaubten sie noch, demnächst weiße Frauen heiraten zu können.

[27] Bob Ewell macht von sich reden. Auf dem Wohlfahrtsamt beschwert er sich über Atticus. Dieser sei schuld, dass er seinen neuen Job nach ein paar Tagen wieder verloren habe. Wenig später versucht er, bei Richter Taylor einzubrechen. Außerdem belästigt er Tom Robinsons Witwe auf ihrem Weg zur Arbeit, sodass Mr Link Deas, ihr Arbeitgeber, eingreifen und sie schützen muss.

Der Oktober geht dem Ende zu, und die Vorbereitungen für Halloween kommen in Gang. In diesem Jahr soll ein lokalpatriotisches Bühnenstück im Schulsaal aufgeführt werden. Es stammt aus der Feder von Mrs Merriweather und verherrlicht die landwirtschaftlichen Produkte der Region. Scout soll darin in der Rolle eines Schinkens auftreten. Ihr Kostüm besteht aus einem mit braunem Stoff überzogenen Drahtgerüst. Wenn sie es über den Kopf gestülpt hat, reicht es bis zu den Knien. Im Inneren ist es heiß und so eng, dass Scout die Arme kaum bewegen kann. Jem soll seine Schwester am Abend der Aufführung zur Schule begleiten.

[28] Es ist stockdunkel, als die beiden sich auf den Weg machen. Auf dem Schulhof werden sie von Cecil Jacobs mit einer

Taschenlampe erschreckt. Scout und Cecil erleben den größten Teil der Aufführung hinter der Bühne, wo sie auf ihren Auftritt warten. Das Stück zieht sich in die Länge. Scout schläft ein und verpasst ihr Stichwort. Zur Erheiterung des Publikums erscheint sie erst ganz am Schluss auf der Bühne.

Auf dem Heimweg muss Jem seine Schwester führen. Sie trägt noch immer das Schinkenkostüm und ist ohne ihn hilflos. In der Dunkelheit hören sie Schritte hinter sich. Zuerst glauben sie, Cecil Jacobs wolle ihnen wieder einen Streich spielen, aber als sie an der Eiche vor dem Radley-Grundstück ankommen, werden sie von dem Verfolger angegriffen. Scout fällt zu Boden. Sie hört Geräusche eines Kampfes, dann stößt Jem einen lauten Schmerzensschrei aus. Nun versucht der Angreifer, Scout zu umklammern, wird jedoch plötzlich von ihr weggerissen. Wenig später sieht sie im Licht einer Straßenlaterne, wie ein unbekannter Mann ihren Bruder auf den Armen trägt und fast schon die Veranda von Atticus' Haus erreicht hat. Sie eilt den beiden nach und wird daheim von Tante Alexandra betreut. Während die Tante Scout von den Resten des Kostüms befreit, kümmert sich Atticus um Jem.

Atticus und Alexandra sind sehr aufgeregt. Dr. Reynolds, der Hausarzt, und Heck Tate werden gerufen und sind kurz nacheinander zur Stelle. Jem ist bewusstlos. Offensichtlich hat ihm der Angreifer den Arm verdreht und dabei das linke Ellenbogengelenk gebrochen. Der Mann, der ihn gerettet hat, steht schweigend in der Ecke des Zimmers. Heck Tate hat bereits den Tatort inspiziert und dort Bob Ewells Leiche gefunden. Zwischen seinen Rippen steckte ein Küchenmesser.

[29] Auf Tates Aufforderung hin schildert Scout, was sie von dem Überfall weiß. Als sie gefragt wird, wer der Mann war, der Jem gerettet hat, zeigt sie auf den Fremden in der Zimmerecke. Er ist bleich, abgemagert und hat graue, farblose Augen wie ein Blinder. Er sagt nichts, aber als Scout ihn anblickt und er das Ge-

sicht zu einem schüchternen Lächeln verzieht, wird ihr plötzlich klar, dass Boo Radley vor ihr steht.

[30] Während Dr. Reynolds Jem ärztlich versorgt, versammeln sich die anderen auf der Veranda. Boo sitzt neben Scout in einem Schaukelstuhl. Es folgt eine Auseinandersetzung zwischen Tate und Atticus über die Frage, wer Bob Ewell getötet hat. Atticus glaubt zunächst, Jem sei es gewesen, und weist Tates Behauptung, Ewell sei im Kampfgetümmel in sein Messer gestürzt, als Vertuschungsversuch zurück. Erst als er begreift, dass es nicht Jem ist, den Tate zu schützen versucht, sondern Boo, gibt Atticus nach. Tate verabschiedet sich mit den Worten, er werde nicht zulassen, dass ein scheuer Mensch, der ganz Maycomb einen wertvollen Dienst geleistet habe, ins Rampenlicht der Öffentlichkeit gerate. Nachdem der Sheriff das Haus verlassen hat, sitzt Atticus noch eine Weile nachdenklich auf der Veranda. Schließlich fragt er Scout nach ihrer Meinung. Sie versichert ihm, sie verstehe sehr wohl, was vorgefallen sei, und Mr Tate habe recht. Boo zur Rechenschaft zu ziehen, wäre eine Sünde. Bevor er sich zurückzieht, bedankt sich Atticus bei Boo für das Leben seiner Kinder.

[31] Boo gibt Scout ein Zeichen, dass er von Jem Abschied nehmen möchte. Sie ergreift seine Hand und führt ihn an das Bett des Bruders. Dr. Reynolds hat Jem ein Schlafmittel gegeben, und so merkt der Junge nicht, wie Boo ihm zögernd über das Haar streicht. Wie ein Kind, das sich vor der Dunkelheit fürchtet, fragt Boo, ob Scout ihn nach Hause bringen würde. Auf dem kurzen Weg über die Straße gehen ihr Erinnerungen an Dill, Jem und ihre eigenen kindischen Ängste durch den Kopf. Vor der Haustür verabschiedet Boo sich wortlos. Sie wird ihn nie wiedersehen. Von der Veranda des Radley-Hauses aus blickt Scout zurück und sieht ihre Umgebung zum ersten Mal aus einer neuen Perspektive. Szenen aus den vergangenen drei Jahren zie-

hen an ihr vorbei. Sie fühlt, dass sie in dieser Zeit erwachsener geworden ist, aber als sie zu Hause ankommt, ist sie so müde, dass Atticus ihr beim Auskleiden helfen muss, als sei sie noch ein kleines Kind. Er selbst verbringt die Nacht an Jems Bett.

# Textanalyse und Interpretation

## 1 Personen

### Atticus

Atticus Finch ist in Maycomb und darüber hinaus eine allgemein geschätzte Persönlichkeit. Als jemand, der mit einem Großteil der Einwohner mehr oder weniger eng verwandt ist, fühlt er sich seiner Stadt und ihren Traditionen verpflichtet. Die meisten Mitbürger betrachten ihn zwar kritisch, weil er ihre Vorurteile gegen die schwarze Bevölkerung nicht teilt, schätzen aber seine Gradlinigkeit und wählen ihn zu ihrem Parlamentsabgeordneten.

Nach dem Tod seiner Frau sind Jem und Scout das Kostbarste im Leben des etwa 50-jährigen Witwers. Sein Erziehungsstil mutet für die damalige Zeit fortschrittlich an und stößt in seiner Umgebung und nicht zuletzt bei seiner Schwester Alexandra auf Kritik. Statt auf Gehorsam setzt er auf Einsicht und Konsens. Dem eigenen Gewissen zu folgen und sich in andere hineinzuversetzen, sind Grundsätze, die Atticus seinen Kindern nicht nur erklärt, sondern vorlebt. Als Scout von ihrer Lehrerin enttäuscht ist, gibt er ihr folgenden Rat:

> *[...] if you can learn a simple trick, Scout, you'll get along better with all kinds of folks. You never really understand a person until you consider things from his point of view – [...] until you climb into his skin and walk around in it.* (S. 33)

Atticus geht mit gutem Beispiel voran und begegnet seinen Mitmenschen mit Toleranz und Empathie. Mrs Dubose bringt er Höflichkeit und Respekt entgegen, und Bob Ewells Beleidigungen erträgt er gelassen als Ausdruck verletzten Stolzes.

Eine von Atticus' sympathischsten Eigenschaften ist seine Bescheidenheit. Hier ist er Harper Lees Vater ähnlich, von dem sie einmal gesagt hat: "My father is one of the few men I've known who has genuine humility and it lends him a natural dignity."[3] Dass Atticus auch jede Art von Gewaltanwendung verabscheut, stößt bei Jem und Scout nicht immer auf Verständnis. Für sie ist der Verzicht auf den Gebrauch von Waffen zunächst etwas, das Atticus zu einem Außenseiter macht. Sie wünschen sich ein aktives und sportliches Familienoberhaupt, jemanden, der wie andere Väter auf die Jagd geht und Football spielt, statt zu Hause zu sitzen und zu lesen. Durch Vorkommnisse wie die Erschießung des tollwütigen Hundes oder Atticus' entschlossenes Eintreten für seinen Mandanten vor und während der Gerichtsverhandlung lernen sie jedoch, dass ihr Vater mehr Mut besitzt und mehr Achtung und Vertrauen verdient als alle anderen Menschen, die sie kennen.

Seine große Bewährungsprobe hat Atticus als Verteidiger von Tom Robinson zu bestehen. Hier tritt er nicht nur als brillanter Anwalt auf, sondern setzt sich aus tiefster Überzeugung für eine gerechte Sache ein. Für ihn ist es eine Forderung der Selbstachtung, dieses Mandat zu übernehmen. Er erklärt seiner Tochter:

> *This case, Tom Robinson's case, is something that goes to the essence of a man's conscience – Scout, I couldn't go to church and worship God if I didn't try to help that man.* (S. 116)

Atticus wäre jedoch keine glaubwürdige Romanfigur, wenn er nicht auch Schwächen hätte. Die Kehrseite seines Idealismus ist ein gewisser Mangel an Realitätssinn. Es grenzt schon an Naivität, wenn er die Gefährlichkeit seines Gegenspielers nicht erkennt. Obwohl ihm Bob Ewells Rachegelüste nicht verborgen bleiben, glaubt er nicht, dass dieser seine Drohungen ernst meint. Er lässt Jem und Scout allein in der Dunkelheit zur Schulaufführung gehen und bringt sie dadurch in Lebensgefahr. Ähnlich verhält er sich, als er den Rassismus der weißen Mehrheit unterschätzt. Nach dem Schuldspruch gegen Tom Robinson legt er Berufung ein, und rechnet sogar damit, Erfolg zu haben. Auch nach Toms Erschießung auf dem Gefängnisgelände glaubt er offensichtlich der Version der Bewacher von einem Fluchtversuch. Sein Kommentar: “They didn’t have to shoot him that much.” (S. 260) wirkt als Reaktion auf die siebzehn Todesschüsse reichlich unbefriedigend.

Seit den 80er-Jahren mehren sich kritische Stimmen, die Atticus vorwerfen, er sei zu konservativ und versuche nicht wirklich, die von Rassismus geprägten sozialen Verhältnisse zu ändern. So nehme er an keiner Stelle des Romans Stellung zur Emanzipation der schwarzen Bevölkerung. Er setze auf eine Politik der kleinen Schritte, sei aber weit davon entfernt, eine wirkliche Gleichstellung der Schwarzen zu befürworten oder gar zu fordern. Solche Einwände sind aus heutiger Sicht zwar berechtigt, übersehen aber, dass der Roman die Situation in den 30er-Jahren darstellt, als die schwarze Bürgerrechtsbewegung mit Martin Luther King an der Spitze noch in weiter Ferne lag.

Gregory Peck als Atticus Finch in der Verfilmung von 1962 mit (von links) Dill (John Megna), Scout (Mary Badham) und Jem (Philip Alford)

### Scout

Mit Atticus hat die Autorin ihrem Vater ein Denkmal gesetzt, mit Scout zeichnet sie ein Selbstporträt. Genau genommen handelt es sich um ein Doppelbildnis: als erwachsene Jean Louise Finch, die wir uns als Alter Ego der etwa 30-jährigen Harper Lee vorstellen können, und unter dem Namen Scout als kindliche Romanfigur zwischen sechs und neun Jahren.

Was an Scout besonders auffällt, ist ihre Jungenhaftigkeit. Am liebsten läuft sie den ganzen Tag barfuß und in Latzhosen herum, klettert auf Bäume und durchstreift mit Jem und Dill die Nachbarschaft. Ihren weiblichen Vornamen Jean Louise hat sie gegen den nach Abenteuer klingenden Rufnamen Scout (Kundschafter, Späher) getauscht. In männlicher Gesellschaft fühlt sie sich am wohlsten. Gleichaltrige Freundinnen hat sie nicht und mit erwachsenen Frauen steht sie meist auf Kriegsfuß, etwa mit Tante Alexandra, die aus ihr eine standesbewusste Dame machen will. Für Scout kommt als weibliche Bezugsperson nur die unkonventionelle Miss Maudie infrage. Ihre Vorbilder sind jedoch Männer, vor allem Atticus, den sie liebt und verehrt, obwohl sie mit seinen Entscheidungen nicht immer einverstanden ist. Auch mit Jem gibt es Auseinandersetzungen. Dennoch ist er für sie der ideale ältere Bruder, auf den sie sich verlassen kann.

Als Scout in die Schule kommt, stößt ihr Freiheitsdrang an bisher unbekannte Grenzen. Hier kann sie ihre Spontaneität nicht ausleben und ihre lebhafte Fantasie ist ebenfalls nicht gefragt. Sie fühlt sich eingeengt und gelangweilt. Da sie ihren Mitschülern und mitunter sogar ihren Lehrerinnen intellektuell überlegen ist, erscheint ihr der Schulbetrieb als sinnlose Zeitverschwendung. Schon am ersten Tag richten sich ihre Aggressionen mehr oder minder zufällig gegen den unschuldigen Walter Cunningham. Von nun an leistet sie den wechselnden pädagogischen Methoden ihrer Lehrerinnen hartnäckigen Widerstand.

Scout durchschaut jede Form von Heuchelei. Mit dem Scharfblick eines unverdorbenen Kindes erkennt sie den Gegensatz zwischen moralischem Anspruch und tatsächlichem Verhalten der meisten Erwachsenen, ob es sich um Miss Gates' widersprüchliches Demokratieverständnis oder den frommen Eifer der Damen um Mrs Merriweather handelt. Immer wieder stellt sie auch Tante Alexandras Verhaltenskodex infrage. Als Scout Walter Cunningham einladen möchte und die Tante sich weigert, treibt sie Alexandra durch ihre Einwände in die Enge.

Die drei Jahre ihrer Kindheit, welche die erwachsene Jean Louise rückblickend vorüberziehen lässt, gehören zu den wichtigsten ihres Lebens. Es sind prägende Jahre für sie und ihren Bruder. Am Ende ihrer Geschichte stellt sie fest: "I felt very old, [...] I thought Jem and I would get grown but there wasn't much else left for us to learn, except possibly algebra." (S. 308). Damit deutet sie den Reifungsprozess an, der in ihr vorgegangen ist. Scout hat gelernt, sich in andere Menschen hineinzuversetzen und ihre Sichtweisen zu akzeptieren. Sie hat erkannt, dass man Einzelgänger wie Boo Radley nicht ablehnen darf, nur weil sie anders sind. Nachdem sie Boo über die Straße nach Hause gebracht hat, dreht sie sich um und blickt zurück: "Street lights winked down the street all the way to town. I had never seen our neighbourhood from this angle." (S. 307) Es ist Boos Blickwinkel, von dem aus sie nun ihre Welt wahrnimmt. Wie der Held des Buches, aus dem Atticus ihr vor dem Einschlafen vorliest, hat sich Boo als „real nice“ erwiesen, wie die meisten Menschen, „when you finally see them“. (S. 309)

### Jem

Jeremy Atticus Finch ist zu Beginn der Erzählung zehn, am Schluss dreizehn Jahre alt, befindet sich also in der Übergangsphase von der Kindheit zur Pubertät. Während dieser Zeit wächst der Reifungsabstand zwischen Jem und seiner Schwester. Immer öfter bekommt Scout sein männliches Überlegenheitsgefühl und seine Stimmungsschwankungen zu spüren.

Auch wesensmäßig gibt es Unterschiede zwischen den Geschwistern. Jem ist besonnener und nachdenklicher als die impulsive Scout. Wenn er vor einem Problem steht, reagiert er meist rational und sucht nicht selten nach Kompromisslösungen. So beschwichtigt er den von Scout angegriffenen Walter Cunningham, indem er ihn zum Essen einlädt, oder versucht, seiner Schwester Tante Alexandras Ansichten zu erklären. Er kann allerdings auch wütend werden und die Fassung verlieren, zum Beispiel als die Jury ihr Urteil über Tom Robinson verkündet oder als er von Mrs Dubose mit beleidigenden Äußerungen über Atticus gereizt wird.

In allen wichtigen Lebensfragen stehen Autorität und Vorbild des Vaters für Jem außer Frage. In ihm findet er ein vollkommenes Beispiel wahrer Männlichkeit. Die Erschießung des tollwütigen Hundes ist für den Sohn ein Schlüsselerlebnis. Er erkennt, dass nicht Großspurigkeit und Draufgängertum, sondern Mut und Besonnenheit einen richtigen Mann ausmachen, und fasst dies in dem Ausruf zusammen: "Atticus is a gentleman." Der Zusatz „just like me" (S. 109) macht hier deutlich, wie sehr Jem sich mit dem Vater identifiziert. Ein anderes einschneidendes Erlebnis ist Atticus' gewaltloser Widerstand gegen den Lynchversuch an Tom Robinson, als Jem durch die Weigerung, sich zu entfernen, seinen Mann steht und dadurch möglicherweise dem Vater, sicher aber Tom, das Leben rettet.

Die Anfänge von Jems charakterlicher Entwicklung in der Nachfolge seines Vaters zeigen sich schon, als er ahnt, dass Boo versucht, Kontakt mit ihm und Scout aufzunehmen, und er darauf mit einer schriftlichen Einladung reagiert. Als Nathan Radley das Astloch versiegelt und so die Kommunikation mit Boo vereitelt, ist Jem darüber sehr unglücklich. Auch das widerwillig befolgte Vorleseritual bei Mrs Dubose zwingt ihn, sich mit einer Person auseinanderzusetzen, die ihm fremd ist. Wenn er dann nach Scouts misslungenem Auftritt am Halloween-Abend die Rolle des Trösters und Beschützers seiner Schwester übernimmt, ist die Ähnlichkeit mit seinem Vater unübersehbar.

### Dill

Charles Baker Harris, wie Dill eigentlich heißt, ist etwa ein Jahr älter als Scout. Er kommt aus Meridian, einer größeren Stadt im Nachbarstaat Mississippi, und verbringt die Sommerferien in Maycomb. Als Außenstehender betrachtet er die kleinstädtischen Verhältnisse mit dem kritischen Verstand eines neugierigen und frühreifen Jungen von überdurchschnittlicher Intelligenz. Seine Mutter bzw. sein Stiefvater scheinen froh zu sein, wenn sie ihn zeitweise zu Tante Rachel abschieben können. Die Grausamkeiten, die er angeblich zu Hause erdulden muss, entspringen jedoch, ebenso wie seine heroischen Abenteuer während der Flucht, seiner lebhaften Einbildungskraft.

Dill ist äußerst kreativ, wenn es darum geht, Geschichten zu erfinden und Pläne zu entwerfen, und ist daher für Jem und Scout ein höchst willkommener Spielgefährte. Obwohl klein und schwächlich, ist er immer zu waghalsigen Unternehmungen aufgelegt. Daneben kann er auch romantisch und gefühlvoll sein. So betrachtet er sich als Scouts heimlichen Liebhaber und „verlobt" sich mit ihr. Das Gerichtsverfahren erschüttert ihn zeitweise so sehr, dass er in Tränen ausbricht. Für einen Jungen seines Alters legt er eine erstaunlich philosophische Weltsicht an den Tag, wenn er als Begründung für seinen Wunsch, Clown zu werden, angibt: "There ain't one thing in this world I can do about folks except laugh [...]." (S. 238)

### Calpurnia

Als Ersatzmutter ist Cal, wie sie meist genannt wird, für die Erziehung von Jem und Scout unentbehrlich. Sie ist streng, aber fair und verständnisvoll. Atticus weiß, dass er auf sie nicht verzichten kann. Als Alexandra ihm nahelegt, Calpurnia zu entlassen, reagiert er mit den Worten: "She's a faithful member of this family and you'll simply have to accept things the way they are." (S. 150) Calpurnia ist auf Finch's Landing aufgewachsen und hat ihr ganzes Leben im Dienst der Familie gestanden. Als Atticus sich nach seiner Heirat in Maycomb niederlässt, folgt sie ihm dorthin nach. Ihr genaues Geburtsdatum kennt sie nicht, jedoch weiß sie, dass sie ein paar Jahre älter sein muss als Atticus. Mit etwas Nachhilfe von Maudies Tante hat sie sich selbst, und später ihrem Sohn Zeebo, Lesen und Schreiben beigebracht.

Anlässlich des Gottesdienstbesuchs in ihrer schwarzen Methodistengemeinde erfahren die Kinder, dass Calpurnias Leben sich in zwei verschiedenen Welten abspielt. Scout möchte wissen, warum sie mit den schwarzen Kirchenbesuchern im „Negerdialekt" („nigger-talk") verkehrt, obwohl sie doch weiß, wie man „richtig" spricht. Calpurnias Antwort: "Well, in the first place I'm black –" (S. 139) wird für Scout zum Anlass ihrer Bitte, Cal und ihre Familie besuchen zu dürfen. Zum ersten Mal in ihrem Leben scheint den Kindern bewusst zu werden, dass sie über die zweite Identität ihrer Betreuerin als Mitglied der schwarzen Unterschicht so gut wie nichts wissen.

**Miss Maudie**

Miss Maudie Atkinson, die Nachbarin von Scout und Jem, ist etwas jünger als Atticus und hat ihre Kindheit zusammen mit ihm und seinen Geschwistern in Finch's Landing verbracht. Maudie, eine selbstbewusste Persönlichkeit, hält nicht viel von dem traditionellen Kastendenken, das die Gesellschaft von Maycomb County kennzeichnet. Sie verteidigt Atticus gegen die Vorurteile der Nachbarn und unterstützt ihn bei der Erziehung seiner Kinder. Vor allem Scout fühlt sich von ihr verstanden. Maudie erklärt ihr, wie sehr Boo Radley unter engstirniger Religiosität gelitten hat und was von einer Klatschtante wie Stephanie Crawford zu halten ist. Die durch den Robinson-Prozess erzeugte Hysterie lässt Maudie kalt. An der Gerichtsverhandlung nimmt sie bewusst nicht teil: "'t's morbid, watching a poor devil on trial for his life. [...] it's like a Roman carnival." (S. 175 f.)

### Aunt Alexandra

Atticus' Schwester ist bei Jem und Scout weitaus weniger beliebt als Miss Maudie. Sie kommt von Finch's Landing nach Maycomb, um die ihrer Meinung nach schweren Erziehungsfehler ihres Bruders zu korrigieren und eine die ganze Familie bedrohende Krise abzuwenden. Die Erzählerin beschreibt ihre Tante so: "[...] Aunt Alexandra would have been analogous to Mount Everest: throughout my early life, she was cold and there." (S. 86) Damit charakterisiert sie treffend die starren Verhaltensmuster, die für die Tante typisch sind. Humorlos und intolerant nimmt Alexandra für sich das Privileg einer sozialen und moralischen Kontrollinstanz in Anspruch: "[...] given the slightest chance she would exercise her royal prerogative: she would arrange, advise, caution, and warn." (S. 142)

Eine Gelegenheit dazu bietet das Damenkränzchen der Missionsgesellschaft. Hier geht es nur vordergründig um Wohltätigkeit, in Wahrheit aber um die Bekräftigung rassistischer Vorurteile und die Vergewisserung der eigenen gesellschaftlichen Überlegenheit. Immerhin distanziert sich Alexandra von Mrs Merriweathers versteckten Angriffen auf Atticus und beweist echtes Mitgefühl mit ihrem Bruder, als dieser die Nachricht von Tom Robinsons Tod erhält.

### Boo

In der Fantasie der Kinder existiert Arthur Radley zunächst nur als monsterähnliches Zerrbild. Sein wirklicher Charakter wird erst allmählich deutlich, zum Beispiel durch die Geschenke im Baumversteck, später dann, als er Scout unbemerkt eine schützende Decke umlegt. Am Ende erweist er sich als Verteidiger und Lebensretter der Kinder. Dennoch bleibt sein Innenleben rätselhaft. Sein plötzliches Erscheinen gleicht dem Ausbruchsversuch eines Gefangenen. Die Aufgabe, die Kinder zu retten, setzt außergewöhnliche Kräfte in ihm frei. Mit einem einzigen Messerstich gelingt es ihm, Bob Ewell zu töten, und anschließend ist er trotz eines Lungenleidens in der Lage, den 13-jährigen Jem auf den Armen nach Hause zu tragen. Danach lässt er sich wortlos in sein Gefängnis zurückbringen. Es hat den Anschein, als sei dieser Ausbruch sein letzter gewesen; jedenfalls sieht Scout ihn nicht wieder.[4]

**Tom Robinson**

Toms Schicksal steht für die Unterdrückung der schwarzen Minderheit. Im Verlauf des Prozesses ergibt sich ein deutliches Bild seines Lebens und Charakters. Trotz seiner durch einen Unfall verursachten schweren Behinderung ist er ein fleißiger und zuverlässiger Arbeiter auf der Baumwollplantage von Mr Link Deas. Tom hat eine Frau und drei kleine Kinder zu ernähren, die nach seiner Verhaftung auf die Hilfe der ebenfalls Not leidenden schwarzen Kirchengemeinde angewiesen sind. Seine Freundlichkeit gegenüber jedermann wird ihm zum Verhängnis, als er Mayella Ewell hilft, ohne eine Gegenleistung zu erwarten. Vor Gericht verhält er sich bescheiden, aber dennoch selbstbewusst. Obwohl er ahnt, dass er keine Chance hat, mit dem Leben davonzukommen, gelingt es ihm, sich zu beherrschen und seine Würde zu bewahren. Die genauen Umstände seines Todes bleiben offen. Es ist jedoch so gut wie sicher, dass er einem geplanten Lynchmord zum Opfer fällt.[5]

## Weitere Personen im Überblick

| | |
|---|---|
| **The Cunninghams** | „Poor whites", die ihren Stolz bewahrt haben; **Walter**, Scouts Mitschüler, nimmt von der Lehrerin kein Geld an; **Walter** senior, der Vater, nimmt an dem Lynchversuch teil, lässt sich aber durch Scout von der Tat abbringen. |
| **The Ewells** | „White trash", stehen sozial auf der niedrigsten Stufe der weißen Gesellschaft; **Bob**, der Vater, ist trunksüchtig, bösartig und gefährlich; **Mayella**, die älteste Tochter, wird von ihm misshandelt und missbraucht; **Burris**, ihr kleiner Bruder, ist wie seine Geschwister schulisch nicht sozialisierbar. |
| **Heck Tate** | Sheriff von Maycomb, ein einfacher und charakterfester Mann |
| **Judge Taylor** | Richter im Prozess gegen Tom Robinson, unparteiische Respektsperson |
| **Mr Gilmer** | Jurist, Ankläger im Prozess gegen Tom |
| **Mr Braxton Bragg Underwood** | Herausgeber der *Maycomb Tribune*, übt scharfe Kritik am Robinson-Prozess, steht während des Lynchversuchs mit geladenem Gewehr bereit, um Atticus zu verteidigen. |
| **Mr Link Deas** | Besitzer einer Baumwollfarm, unterstützt Tom Robinson und dessen Familie |
| **Mr Dolphus Raymond** | reicher Landbesitzer ohne rassische Vorurteile, unkonventionell und sympathisch |
| **Mrs Grace Merriweather** | führendes Mitglied der Missionsgesellschaft, Verfasserin des Stückes *Maycomb County: Ad Astra Per Aspera* |
| **Mrs Gertrude Farrow** | Mitglied der Missionsgesellschaft |
| **Mrs Henry Lafayette Dubose** | Nachbarin, streitsüchtig und reaktionär, aber ein Musterbeispiel an Tapferkeit im Angesicht des Todes |
| **Miss Rachel Haverford** | Nachbarin, Dills Tante |

| | |
|---|---|
| **Miss Stephanie Crawford** | Nachbarin, vorwiegend mit der Verbreitung von Klatsch und Gerüchten beschäftigt |
| **Tutti und Frutti** | zwei alleinstehende alte Damen |
| **Mr Avery** | alleinstehender Nachbar |
| **Mr Nathan Radley** | Nachbar, Boos Bruder und Bewacher |
| **Dr. Reynolds** | Hausarzt der Familie Finch |
| **Miss Caroline Fisher, Miss Gates** | Scouts Lehrerinnen |
| **Cecil Jacobs** | Mitschüler von Jem und Scout |
| **Little Chuck Little** | Scouts Klassenkamerad, verteidigt die Lehrerin gegen Burris Ewell |
| **Reverend Sykes** | Prediger der *First Purchase African M. E. [Methodist Episcopal] Church* |
| **Helen Robinson** | Toms Frau |
| **Zeebo** | Calpurnias Sohn, Abfallbeseitiger von Maycomb, „musical superintendent" der schwarzen Gemeinde |
| **Lula** | schwarze Kirchenbesucherin, protestiert gegen die Anwesenheit von Jem und Scout |
| **Uncle Jack** | Atticus' jüngerer Bruder, Arzt in Nashville |
| **Uncle Jimmy** | Alexandras Ehemann |
| **Francis** | Alexandras und Jimmys Enkel |

## 2 Form und Erzählstruktur

Im Gegensatz zur Popularität des Romans beim breiten Lesepublikum hat sich die Literaturwissenschaft nur zögerlich mit *Mockingbird* befasst. In Malcolm Bradburys Standardwerk *The Modern American Novel* (1983) zum Beispiel taucht der Name Harper Lee nicht auf. Diese Vernachlässigung durch die Experten mag damit zusammenhängen, dass der Roman in formaler, aber auch in inhaltlicher Hinsicht viel stärker in der **Erzähltradition des 19. Jahrhunderts** verwurzelt ist als die Werke anderer zeitgenössischer Erzähler. *Mockingbird* weist insgesamt mehr Ähnlichkeiten mit Charles Dickens, Thomas Hardy oder Mark Twain auf als mit William Faulkner, Ernest Hemingway, F. Scott Fitzgerald oder J. D. Salinger.

Zu den von Harper Lee aus der klassischen Romantradition übernommenen Formelementen gehört die **chronologische Erzählstruktur**. Für den modernen amerikanischen Roman des 20. Jahrhunderts ist meist ein nichtlinearer Handlungsablauf bzw. eine zyklische Erzählweise kennzeichnend, die mit Zeitsprüngen, Rückblenden und einer freien Kombination der Einzelteile arbeitet. In *Mockingbird* dagegen bildet die strenge Einhaltung der zeitlichen Reihenfolge das Rückgrat des Erzählablaufs.

Das Romangeschehen ist in zwei Teile gegliedert, die inhaltlich unterschiedlich akzentuiert sind und verschiedenen Handlungssträngen entsprechen. Im ersten stehen die Kinder im Mittelpunkt, im zweiten Atticus. Im ersten Teil geht es vor allem um das Verhalten von Scout, Jem und Dill gegenüber Boo Radley und um dessen Reaktionen, im zweiten um die Gerichtsverhandlung und das Schicksal von Tom Robinson. Schwerpunktmäßig stehen die Themen Toleranz im ersten und Gerechtigkeit im zweiten Teil im Vordergrund. Beide Teile werden durch die übergreifende Frage des Umgangs der Gesellschaft mit Außenseitern bzw. Minderheiten miteinander verbunden. Zunächst bleibt dieses Problem im vergleichsweise privaten Umfeld der Familie Finch, weitet sich dann aber zu einer die Öffentlichkeit betreffenden Angelegenheit aus. In den letzten vier Kapiteln werden die beiden Handlungsstränge durch die Vorgänge am Halloween-Abend zusammengeführt und so die bis dahin noch getrennten Fäden der Geschichte zu einem formal abgerundeten Schluss verknüpft.

Eine genauere Betrachtung von **Aufbau und Zeitstruktur** ergibt ein Ungleichgewicht zwischen den beiden Teilen. Elf Kapiteln im ersten stehen zwanzig im zweiten Teil gegenüber. Zeitlich umfassen die Kapitel eins bis elf knapp zwei Jahre, der Rest dagegen nur einige Monate. Das bedeutet, dass es im zweiten Teil zu einer deutlichen Verlangsamung des zeitlichen Ablaufs kommt. Allein der Tag der Gerichtsverhandlung nimmt sechs Kapitel in Anspruch, wovon fünf auf die Verhandlung selbst entfallen. Insgesamt füllt Tom Robinsons Geschichte neun Kapitel ganz oder teilweise aus. Im Gegensatz dazu ist der erste Teil nach einem anderen Strukturmuster aufgebaut. Hier lässt sich kein zentrales Ereignis benennen. Stattdessen werden in lockerer Folge Episoden mit verschiedenen Schwerpunkten aneinandergereiht. Mal geht es um die Faszination, die Boo Radley auf die Kinder ausübt, dann wiederum um Boos Versuch, Kontakt mit Scout und Jem aufzunehmen. Der Brand von Miss Maudies Haus greift dieses Motiv auf, dient aber auch dazu, ihre Gelassenheit angesichts der Katastrophe zu unterstreichen. Familienprobleme stehen im Vordergrund des neunten Kapitels, wobei Hinweise auf die bevorstehende Gerichtsverhandlung auf den zweiten Teil vorausdeuten.

## Chronologie des Handlungsablaufs

| Part I | Handlung | Zeitschiene |
|---|---|---|
| 1 | Dill verbringt die Ferien in Maycomb. | Sommer 1933 |
| 2<br>3 | Scouts erste Erfahrungen mit der Schule | September 1933 |
| 4<br>5<br>6 | Die Kinder versuchen, Boo aus dem Haus zu locken. | Frühjahr bis Sommer 1934 |
| 7<br>8 | Boo versucht, Kontakt aufzunehmen.<br>Miss Maudies Haus brennt ab. | Herbst / Winter 1934 |
| 9<br>10<br>11 | Atticus erschießt den tollwütigen Hund.<br>Krankheit und Tod von Mrs Dubose | Weihnachten 1934 bis Frühjahr 1935 |
| **Part II** | | |
| 12<br>13<br>14<br>15<br>16 | Scout und Jem im Gottesdienst der Schwarzen<br>Tante Alexandra trifft ein. Feindselige Stimmung in der Bevölkerung<br>Lynchversuch an Tom Robinson | Sommer 1935 |
| 17<br>18<br>19<br>20<br>21 | Gerichtsverhandlung | |
| 22<br>23<br>24<br>25 | Bob Ewell beleidigt Atticus und kündigt Rache an.<br>Sitzung der Missionsgesellschaft<br>Tom Robinson wird erschossen. | |
| 26<br>27 | Scout beginnt das 3. Schuljahr.<br>Vorbereitungen für das Schulfest | September / Oktober 1935 |
| 28<br>29<br>30<br>31 | Die Kinder werden von Bob Ewell angegriffen.<br>Boo rettet ihnen das Leben. | 31. Oktober 1935 (Halloween) |

Einige Kapitel des ersten Teils lassen ihre Entstehung als zunächst eigenständige Kurzgeschichten erkennen, die dann später in den Roman integriert wurden. So ist die Erschießung des tollwütigen Hundes und ihre Wirkung auf Jem ein typisches Beispiel für eine der bekanntesten Formen der klassischen amerikanischen Short Story, die sogenannte „story of initiation". Dabei geht es meist um krisenhafte Augenblicke im Leben junger Menschen, die einen plötzlichen Erkenntnisschub auslösen. Was Jem hier mit seinem Vater erlebt, öffnet ihm die Augen für Charakterzüge wie Mut und Bescheidenheit, die er in diesem Moment als wegweisend für sich selbst erkennt. Ähnlich verhält es sich mit der Geschichte von Mrs Dubose im letzten Kapitel des ersten Teils. Auch hier wird Jem mit einer beispielgebenden Person konfrontiert, die er zunächst ablehnt, deren Verhalten ihn dann aber zum Nachdenken anregt.

Die Verschiedenheit der beiden Teile weist auf den schwierigen Entstehungsprozess von *Mockingbird* hin. Eines der Hauptprobleme ist die **Verbindung der unterschiedlichen Handlungsstränge**. So muss gegen Ende des Romans der inzwischen fast in Vergessenheit geratene Boo Radley noch einmal ins Spiel gebracht und das an Tom Robinson verübte Unrecht gesühnt werden. Dass dies auf mehr oder weniger zufällige Weise geschieht, ist verschiedentlich kritisiert worden. Wenn Boo Radley im entscheidenden Augenblick das Haus verlässt, um in völliger Dunkelheit in das konfuse Kampfgeschehen einzugreifen und den Bösewicht Bob Ewell seiner gerechten Strafe zuzuführen, so wirkt diese Lösung in einem realistischen und autobiografisch weitgehend authentischen Roman eher unglaubwürdig. Andererseits bietet das versöhnliche Schlusskapitel die Möglichkeit einer überzeugenden symbolhaften Abrundung.

Ein besonders wirkungsvolles Gestaltungsmerkmal des Romans ist die geschickt gewählte **Erzählperspektive**. Harper Lee hat ihre Ich-Erzählerin mit einer doppelten Sichtweise ausgestattet: mit der rückblickenden Erinnerung der erwachsenen Jean Louise und dem unmittelbaren Mitteilungsbedürfnis der kleinen Scout. Wie durch eine Bifokalbrille blickt die Erzählfigur entweder durch den Weitsichtsektor und bewertet die Vorgänge von ihrem heutigen Standpunkt aus oder sie sieht durch den Nahsichtbereich und versetzt sich in ihre Kindheit zurück. Sie bleibt dabei immer die reife Persönlichkeit, zu der sie inzwischen geworden ist, aber die Doppelperspektive ermöglicht es ihr auch, die Vergangenheit so zu schildern, wie sie sie als kleines Mädchen wahrgenommen hat. Eine solche Darbietungsform erfordert allerdings ein hohes Maß an erzähltechnischem Können. Harper Lee entwickelt verschiedene Techniken des Übergangs bzw. der Verknüpfung der unterschiedlichen Blickwinkel. Im Folgenden sollen zwei davon näher betrachtet werden.

Nachdem sie den Leser mit der Familiengeschichte vertraut gemacht hat, beginnt die Erzählerin ihre Schilderung der Ereignisse des Sommers 1933 wie folgt:

*When I was almost six and Jem was nearly ten, our summertime boundaries (within calling distance of Calpurnia) were Mrs Henry Lafayette Dubose's house two doors to the north of us, and the Radley Place three doors to the south. We were never tempted to break them. The Radley Place was inhabited by an unknown entity the mere description of whom was enough to make us behave for days on end; Mrs Dubose was plain hell.*

*That was the summer Dill came to us.* (S. 6 f.)

Mit „Early one morning“ eingeleitet, wird im nächsten Absatz die Entdeckung Dills in Miss Rachels Grünkohlbeet geschildert:

*We went to the wire fence to see if there was a puppy – Miss Rachel's rat terrier was expecting – instead we found someone sitting looking at us. [...] We stared at him until he spoke:*

Mit dem nach dem Doppelpunkt folgenden Dialog sind wir in der Welt der Kinder, ihrer Ausdrucksweise, ihrer Neugier, ihrer unfreiwilligen Komik und ihrer ersten gemeinsamen Unternehmungen. In diesem Fall könnte man von einem expliziten Übergang sprechen. Ähnlich wie in manchen Theaterstücken tritt zunächst ein Sprecher auf und erklärt dem Publikum Zeit, Ort und Personen der Handlung. Dann gibt er die Bühne frei und das Spiel kann beginnen.

Insgesamt sind solche deutlich markierten Übergänge jedoch eher die Ausnahme. Meist werden die Perspektiven so miteinander verzahnt, dass der Leser den Wechsel nicht bewusst wahrnimmt. Im zweiten Beispiel leitet die Erzählerin Boo Radleys Lebensgeschichte mit einer Beschreibung seiner Behausung ein:

> *The Radley Place jutted into a sharp curve beyond our house. [...] Rain-rotten shingles drooped over the eaves of the veranda; oak trees kept the sun away. The remains of a picket drunkenly guarded the front yard – a 'swept' yard that was never swept – where johnson grass and rabbit-tobacco grew in abundance.* (S. 9)

So schildert Jean Louise mit der Stimme der erwachsenen Erzählerin die düstere Szenerie. Nun folgen die Sätze: "Inside the house lived a malevolent phantom. People said he existed but Jem and I had never seen him." Damit nähert sie sich fast unmerklich ihrer kindlichen Wahrnehmung. Der Rest des Absatzes berichtet zunächst von Boo aus der damaligen Sicht der Bevölkerung von Maycomb. Ohne dass sich der Sprachstil ändert, ist hier inhaltlich bereits die Ebene kindlicher Fantasie erreicht. Am Ende des Absatzes sind wir als Leser für einen Augenblick in Scouts unmittelbarer Nähe und hören ihre eigene Stimme, wenn es heißt: "Radley pecans would kill you. A baseball hit into the Radley yard was a lost ball and no questions asked." (S. 9) In „erlebter Rede" *(free indirect speech)* gibt die Erzählerin hier wieder, über welches „Erfahrungswissen" sie als Kind verfügt.

Nicht immer gelingen die Übergänge so nahtlos wie in diesem Fall. Gelegentlich kommt es zu Brüchen oder Ungereimtheiten. Eine Reihe von Kritikern findet die Doppelung der Erzählperspektive misslungen. Phoebe Adams zum Beispiel bemängelt in einer frühen Rezension, die Erzählung sei „frankly and completely impossible, being told in the first person by a six-year-old girl with the prose style of a well-educated adult.“[6] Eine solche Einschätzung übersieht jedoch, dass, trotz der für ein Kind in Scouts Alter oft gehobenen Sprache, die Verknüpfung unterschiedlicher Sichtweisen einem Romanautor vielfältige Darstellungsmöglichkeiten eröffnet und inzwischen zu einem charakteristischen Merkmal moderner Prosaliteratur geworden ist. Barton Palmer hat sicher recht, wenn er feststellt: “For many readers, the supposed fault in style – the novel's double vision, as it were – is actually the key to the enjoyment they find in it rather than an insuperable barrier to engagement.”[7]

Ein besonderer Vorzug dieser Doppelperspektive ist die humorvoll-distanzierende Erzählhaltung, welche die Atmosphäre des Romans über weite Strecken auszeichnet. Scouts durch ihr Alter beschränkte Sicht der Dinge gerät immer wieder zu einer Quelle ihr selbst nicht bewusster Komik. Die erwachsene Erzählerin legt dabei ihrem früheren Ich gegenüber eine nachsichtig-tolerante Einstellung an den Tag, die vor allem dann Einverständnis erkennen lässt, wenn Scouts unschuldige Bemerkungen auf Missstände der Erwachsenenwelt aufmerksam machen. Aus dem Blickwinkel des Kindes kann sie Scouts Verhalten als komisch erscheinen lassen, ohne es dadurch abzuwerten; im Gegenteil: Scout beweist oft mehr Einsicht als ihre Umgebung und entlarvt damit das engstirnige Verhalten der Erwachsenen.

## 3 Sprache und Symbolik

*To Kill a Mockingbird* zeichnet sich durch **bemerkenswerte stilistische Qualität** aus. Allerdings hat dieser Aspekt bei den Kritikern bisher nur wenig Beachtung gefunden. Denkbar ist, dass die sprachliche Gestaltung durch den ereignisreichen und lebendigen Inhalt überlagert wird, sodass die Aufmerksamkeit des Lesers in erster Linie dem Erzählten gilt und das Erzählen in den Hintergrund tritt. Harper Lee äußert sich indessen sehr klar über den Stellenwert sprachlichen Könnens, wenn sie in einem Interview auf die Frage nach der literarischen Bedeutung zeitgenössischer amerikanischer Autoren Folgendes ausführt:

> *I see a great deal of sloppiness and I deplore it. [...] I see tendencies [...] to be satisfied with something that is not quite good enough. [...] There's no substitute for the love of language, for the beauty of an English sentence. There's no substitute for struggling, if a struggle is needed, to make an English sentence as beautiful as it should be.*[8]

Was die Autorin unter „beautiful English sentences" versteht, lässt sich an einem beliebig herausgegriffenen Beispiel aus dem Roman zeigen. Kapitel acht beginnt mit folgendem Absatz:

> *For reasons unfathomable to the most experienced prophets in Maycomb County, autumn turned to winter that year. We had two weeks of the coldest weather since 1885, Atticus said. Mr Avery said it was written on the Rosetta Stone that when children disobeyed their parents, smoked cigarettes and made war on each other, the seasons would change: Jem and I were burdened with the guilt of contributing to the aberrations of nature, thereby causing unhappiness to our neighbours and discomfort to ourselves.* (S. 70)

Das ist kunstvolle englische Prosa: wohlklingende Perioden, ausgesuchte Wortwahl und abwechslungsreicher Satzbau mit teilweise komplexen syntaktischen Fügungen. Die Textstelle weist, wie auch andere Passagen, Stilelemente der juristischen Fachsprache auf, etwa logische Gedankenführung, präzise Begriffe oder einen syntaktischen Anschluss wie „thereby causing ...“. Hier hat Harper Lees juristische Ausbildung ihren Blick für Übersichtlichkeit und Klarheit geschärft.

Als Kontrast zur kunstvollen Sprache der Erzählstimme wird in der direkten Rede oft **Umgangssprache**, besonders das lokale Südstaatenidiom, verwendet. Dies gibt den Dialogen eine unverwechselbare Färbung und dient der Charakterisierung und sozialen Differenzierung der Sprecher. Jugendsprache und Slang finden sich allenthalben in Scouts, Jems und Dills Äußerungen. Bob Ewells Englisch kennzeichnet ihn als Vertreter der weißen Unterschicht. Mit dem obszönen Ausdruck „rutting“ versetzt er den Gerichtssaal in Aufruhr: “I seen that black nigger yonder ruttin’ on my Mayella!” (S. 190) Dieser Begriff, der normalerweise nur auf Tiere angewendet wird (etwa: „brunften“), soll den „nigger“ Tom auf eine Stufe mit Ochsen und Eseln stellen und entlarvt den Sprecher als einen vulgären und aggressiven Menschen. Im Gegensatz dazu charakterisiert Atticus’ Sprache diesen während des Prozesses als höflich, sachlich, verständnisvoll und geduldig, was nicht ausschließt, dass er sein Ziel als Verteidiger mit allen ihm zu Gebote stehenden Mitteln verfolgt.

Auch die soziale Barriere zwischen schwarzer und weißer Bevölkerung wird durch eine deutlich wahrnehmbare sprachliche Abgrenzung ersichtlich. Tom Robinsons Verhör liefert Beispiele für typische Unterschiede zwischen Atticus’ Fragen, Toms Antworten und Kommentaren der Erzählerin. “Did you resist her [Mayella’s] advances?”, fragt Atticus. Tom antwortet: “Mr Finch, I tried. I tried to ’thout bein’ ugly to her. I didn’t wanta be ugly, I didn’t wanta push her or nothin’”, und die Erzählerin fügt hinzu: “It occurred to me that in their own way, Tom Robinson’s manners were as good as Atticus’s.” (S. 215)

Im Unterschied zum Großteil der schwarzen Bevölkerung spricht Calpurnia beide Varianten, „coloured-folks' talk“ und „white-folks' talk“, je nachdem in welcher Sphäre sie sich bewegt. Sie ist sich ihrer Zweisprachigkeit bewusst und versteht sehr genau, warum sie diese Sprachbarriere nicht durchbrechen und etwa in der schwarzen Gemeinde so reden kann wie mit Atticus und seinen Kindern. Auf dem Rückweg vom Gottesdienst sagt sie zu Jem: "Now what if I talked white-folks' talk at church, and with my neighbours? They'd think I was puttin' on airs to beat Moses." (S. 139)

Über Sprache und Verhalten der weißen Mittelschicht gibt u. a. die Schilderung eines Treffens der Missionsgesellschaft Aufschluss. Hier wird der von Geschwätzigkeit und Wichtigtuerei geprägte Konversationston der Damen um Tante Alexandra authentisch wiedergegeben. In den folgenden Sätzen hören wir beispielsweise, wie Mrs Merriweather mit volltönender Stimme über Atticus herzieht, wobei sie es geschickt vermeidet, seinen Namen zu nennen:

> *Gertrude, […] I tell you there are some good but misguided people in this town. Good, but misguided. Folks in this town who think they're doing right, I mean. Now far be it from me to say who, but some of 'em in this town thought they were doing the right thing a while back, but all they did was stir 'em up. That's all they did.* (S. 257)

Harper Lees sprachliche Kreativität kommt in der **Bildlichkeit** des Textes besonders deutlich zum Ausdruck. So beklagt sich Scout über die strenge Haushälterin Calpurnia: "She was all angles and bones […]; her hand was wide as a bed slat and twice as hard." (S. 6) Auffällige Vergleiche finden sich auch in der Beschreibung der kranken Mrs Dubose:

> *She was horrible. Her face was the colour of a dirty pillowcase, and the corners of her mouth glistened with wet, which inched like a glacier down the deep grooves enclosing her chin.* (S. 118)

Der abstoßende Anblick, der sich dem Kind eingeprägt hat, wird von der erwachsenen Erzählerin in virtuose Sprachbilder umgesetzt, wenn es von Mrs Duboses Mund heißt:

*It worked separate and apart from the rest of her, out and in, like a clam hole at low tide. Occasionally it would say, 'Pt', like some viscous substance coming to a boil.* (S. 119)

*To Kill a Mockingbird* ist reich an Metaphern und Symbolen. Wie der Titel bereits verrät, ist ein Vogel das **zentrale Symbol** des Romans, nämlich die Spottdrossel, eine vorwiegend in Nordamerika und hier besonders in den Südstaaten der USA beheimatete Finkenart.[9] Der kleine, für seine Gesangs- und Nachahmungskünste bekannte Vogel spielt im amerikanischen Kulturkreis eine ähnliche Rolle wie die Nachtigall[10] in Europa und ist in Literatur und Folklore kein Unbekannter. Er taucht z. B. in Walt Whitmans bekanntem Gedicht *Out of the Cradle Endlessly Rocking* (veröffentlicht 1860 in *Leaves of Grass*) oder in jüngster Zeit (2005) in dem Rap-Song *Mockingbird* von Eminem auf.

Im Roman findet sich der erste Hinweis auf den Vogel auf Seite 99, wo Atticus Jem erklärt: "Shoot all the bluejays you want, if you can hit 'em, but remember it's a sin to kill a mockingbird." Und Miss Maudie erläutert Scout, warum dies so ist:

Mockingbird (Spottdrossel)

*Mockingbirds don't do one thing but make music for us to enjoy. They don't eat up people's gardens, don't nest in corncribs, they don't do one thing but sing their hearts out for us. That's why it's a sin to kill a mockingbird.* (S. 99 f.)

Wie sehr Scout diese Worte verinnerlicht hat, zeigt sich am Schluss, als sie Atticus versichert, sie verstehe und billige Heck

Tates Entscheidung, Boo zu schonen, denn würde man ihn der Justiz ausliefern, wäre dies „sort of like shootin' a mockingbird". (S. 304) Die Parallele besteht darin, dass Boo, der aus Liebe zu den Kindern gehandelt hat, nicht zum unschuldigen Opfer werden darf. Ähnliches gilt für Tom Robinson. So wie man aus Boo ein bösartiges Phantom macht, wird Tom zum Gewaltverbrecher erklärt. Seine Hilfsbereitschaft und sein Mitleid gegenüber Mayella Ewell werden ihm zum Verhängnis. Für ihn als Schwarzen gibt es allerdings, anders als für Boo, keine Rettung. Obwohl seine Unschuld erwiesen ist, bezahlt er seine Freundlichkeit mit dem Leben.

Auch andere Charaktere weisen *Mockingbird*-Eigenschaften auf. Atticus, dessen Familienname nicht zufällig „Finch" (Fink) ist, wird wegen seines Gerechtigkeitssinns von vielen geächtet und von einigen gehasst. Scout und Jem haben unter den Vorurteilen gegen ihren Vater zu leiden und entgehen nur mit knapper Not einem Mordanschlag. Dolphus Raymond, eine für das Romanganze unbedeutende Nebenfigur, gilt als „evil man" (S. 220), weil er in einer Mischehe lebt und als Einziger in ganz Maycomb Schwarze vorbehaltlos als ebenbürtig akzeptiert. "He likes 'em better'n he likes us, I reckon", sagt Jem über ihn. (S. 177) Um von seinen weißen Mitbürgern geduldet zu werden, ist er gezwungen, sich zu verstellen und die Rolle eines unzurechnungsfähigen Alkoholikers zu spielen.

Das *Mockingbird*-Symbol kehrt an mehreren bedeutsamen Textstellen wieder, so z. B. als sich der tollwütige Hund langsam der ihn beobachtenden Menschengruppe nähert und eine tödliche Stille eintritt: "The trees were still, the mockingbirds were silent, the carpenters at Miss Maudie's house had vanished." (S. 105) Es ist ein Moment höchster Anspannung und Gefahr, der hier durch die Abwesenheit des Vogelgesangs signalisiert wird. Später, während die Menge im Gerichtssaal auf die Rückkehr der Jury wartet und Scout sich in einem tranceartigen Zustand der Müdigkeit befindet, fühlt sie noch einmal die Atmosphäre jenes kalten Februartages: “[...] the mockingbirds were still, and the carpenters had stopped hammering on Miss Maudie’s new house [...].” (S. 232) Wieder wird durch die Stille ein drohendes Unheil heraufbeschworen. Diesmal gelingt es Atticus jedoch nicht, die Katastrophe abzuwenden. Mit ihrem Urteil begehen die Geschworenen die Sünde, einen „mockingbird“ namens Tom Robinson zu töten. Und wie um sicher zu sein, dass dem Leser die Symbolik des Motivs nicht entgeht, lässt die Autorin Mr Underwood im Leitartikel seiner Zeitung feststellen, Toms Tod sei gleichbedeutend mit dem „senseless slaughter of songbirds by hunters and children“. (S. 265)

Die Bedeutung der *Mockingbird*-Symbolik beschränkt sich nicht auf bestimmte Personen. Vielmehr geht es um die vielschichtige Thematik des Romans insgesamt. Eine Reihe von Textstellen enthält Metaphern, die mit dem Zentralsymbol in Zusammenhang gebracht werden. Dazu gehören das Radley-Haus mit seinem Unheil verkündenden Aussehen und die alte Eiche am Rande des Grundstücks. Der Baum wird zum Zeichen von Boos Sehnsucht nach menschlicher Nähe. Die kleinen Geschenke, die er dort versteckt, sind verschlüsselte Botschaften. Die beiden Seifenskulpturen etwa drücken Boos Zuneigung zu den Kindern aus. Jem versteht dies sehr gut. Als er entdeckt, dass Nathan Radley die einzige Kontaktmöglichkeit zwischen den Geschwistern und Boo absichtlich beseitigt hat, bemerkt Scout:

> *He stood there [on the porch] until nightfall, and I waited for him. When we went in the house I saw he had been crying [...].* (S. 70)

Im 8. Kapitel wird derselbe Baum, von den Kindern unbemerkt, zu einem Treffpunkt, an dem Boo Scout eine schützende Decke umlegt. Im 26. Kapitel erinnert sich Scout beim Anblick der Eiche an Boos schon fast vergessene Begegnungsversuche.

*I stopped and looked at the tree one afternoon: the trunk was swelling around its cement patch. The patch itself was turning yellow.* (S. 267)

Es scheint, als habe sich die Wunde geschlossen und Boo Radley sei aus ihrem Leben verschwunden. Das Verlangen, ihn zu sehen, ist jedoch noch immer in ihr lebendig: "But I still looked for him each time I went by. Maybe someday we would see him." (ebd.) Auf dieses Ereignis und auf den dramatischen Schluss deutet der „mocker" im Baum des Radley-Grundstücks voraus, als Scout und Jem sich am Halloween-Abend auf den Weg zur Schule machen:

*High above us in the darkness a solitary mocker poured out his repertoire in blissful unawareness of whose tree he sat in, plunging from the shrill kee, kee of the sunflower bird to the irascible qua-ack of a bluejay, to the sad lament of Poor Will, Poor Will, Poor Will.* (S. 281)

Der Vogelgesang mit seinem plötzlichen Übergang zum schrillen Schreien und zum zornigen Quäken signalisiert die auf dem Rückweg bevorstehende Gefahr, und die Klagelaute des Whippoorwills, der Nachtschwalbe, die nach altamerikanischem Volksglauben den Tod vorhersagen kann, verweisen auf das Ende des Kampfes.

Der **Romantitel** unterstreicht noch einmal die zentrale Bedeutung des *Mockingbird*-Symbols und weist zugleich auf die tragische Dimension des Geschehens hin. Denn statt *Mockingbird* oder *The Mockingbird* wählt Harper Lee die Formulierung *To Kill a Mockingbird*. Ganz gleich, in welchen syntaktischen Zusammenhang man dieses Satzbruchstück einordnet, immer entsteht der Eindruck, dass etwas Schönes und Wertvolles beschädigt und zerstört wird. Dazu bemerkt R. A. Dave in einem Essay mit dem Titel *To Kill a Mockingbird: Harper Lee's Tragic Vision:*

*Harper Lee's Alabama presents a bleak picture of a narrow world torn by hatred, injustice, violence and cruelty [...]. [We] watch helplessly, though not quite hopelessly, the bleak shadows of the adult world darkening the children's dream world.*[11]

## 4 Thematik

Im März 1964 gab Harper Lee in einem New Yorker Rundfunksender ihr letztes für die Öffentlichkeit bestimmtes Interview. Auf die Frage des Journalisten Roy Newquist nach ihren Zielen als Schriftstellerin antwortete sie:

*Well, my objectives are very limited. [...] I would like to leave some record of the kind of life that existed in a very small world. [...] This is small-town middle-class southern life [...] As you know, the South is still made up of thousands of tiny towns. There is a very definite social pattern in these towns that fascinates me. I think it is a rich social pattern. I would simply like to put down all I know about this because I believe that there is something universal in this little world, something decent to be said for it, and something to lament its passing.*[12]

Worauf es Harper Lee ankommt, ist eine detailgetreue, aus eigenem Erleben heraus gestaltete **Beschreibung der Menschen und ihrer Lebensverhältnisse** in einem geografisch und zeitlich begrenzten Raum. Für Lee stellt das Leben im Süden Alabamas ein Abbild menschlichen Verhaltens im Kleinen dar, gepaart mit persönlicher, gelegentlich auch nostalgischer Erinnerung.

Das „rich social pattern", von dem die Autorin spricht, entfaltet sich im Roman vor dem Hintergrund einer vergangenen Epoche:

*People moved slowly then. They ambled across the square, shuffled in and out of the stores around it, took their time about everything. A day was twenty-four hours long but seemed longer. There was no hurry, for there was nowhere to go, nothing to buy and no money to buy it with, nothing to see outside the boundaries of Maycomb County.* (S. 5 f.)

Es ist die Zeit der *Great Depression,* der Weltwirtschaftskrise. Nach dem Börsenkrach von 1929 fiel das Durchschnittseinkommen in den Südstaaten etwa um die Hälfte. Große Teile der Bevölkerung litten Not. Seit 1933 versuchte die Regierung unter Präsident Roosevelt durch ein *New Deal* genanntes Programm sozial- und wirtschaftspolitischer Maßnahmen die schlimmsten Auswirkungen zu verhindern und den Menschen Mut zu machen. "[...] it was a time of vague optimism for some people", meint die Erzählerin und zitiert Roosevelt: "Maycomb County had recently been told [by the President in his inaugural address] that it had nothing to fear but fear itself." (S. 6)

Zur gleichen Zeit setzte sich Eleanor Roosevelt, seine Ehefrau, vehement für die Durchsetzung der Bürgerrechte und eine Liberalisierung der für die schwarze Bevölkerung in den Südstaaten geltenden Einschränkungen ein. Die Widerstände gegen eine Aufhebung der Rassenschranken waren jedoch erheblich. Das unter dem Namen *Jim Crow* bekannt gewordene System der gesetzlich festgeschriebenen **Rassentrennung und –diskriminierung** in den Südstaaten erwies sich als unüberwindlich. Immer wieder kam es zu langwierigen gerichtlichen Verfahren, um wenigstens elementare Rechte der Schwarzen, zum Beispiel auf angemessene Schulbildung oder Wahlbeteiligung, durchzusetzen. Wie auch immer die obersten Gerichtsinstanzen entschieden, vor Ort änderten sich die Verhältnisse kaum. Erst 1954 hob der Oberste Gerichtshof der Vereinigten Staaten *(Supreme Court)* die Rassentrennung an den Schulen auf, und mit dem *Civil Rights Act* von 1964 wurde sie schließlich in allen Lebensbereichen für unzulässig erklärt.

In den 30er-Jahren war Lynchjustiz noch immer eine weitverbreitete Praxis extremistischer Kreise der weißen Bevölkerung zur Einschüchterung der schwarzen Minderheit. Neben dem Ku-Klux-Klan gab es eine Reihe anderer krimineller Banden, deren gemeinsames Ziel darin bestand, die schwarze Bevölkerung zu terrorisieren. Meist handelte es sich dabei um grausame Morde an männlichen Schwarzen oft aus nichtigen Anlässen. Die Täter blieben in aller Regel anonym. Wenn sie dennoch vor Gericht kamen, endeten die Verfahren größtenteils mit Freisprüchen. Dagegen hatten schwarze Angeklagte von den ausschließlich weißen Geschworenen fast immer Schuldsprüche zu erwarten. Bei vermuteter Vergewaltigung reichte bereits der Verdacht für ein Todesurteil aus.

Es spricht vieles dafür, dass Harper Lee für die Darstellung des Robinson-Falles mehrere authentische Verfahren als Quellen genutzt hat. Die spektakulärsten waren die sogenannten Scottsboro-Prozesse. Laut Anklage sollten neun junge Schwarze am 25. März 1931 zwei weiße Frauen in einem Güterzug nahe Scottsboro, Alabama, vergewaltigt haben, obwohl nach Angaben eines Arztes eine Vergewaltigung ausgeschlossen werden konnte. Es kam zu Todesurteilen und einer langen Reihe von Berufungs- und Wiederaufnahmeverfahren. Auch als eine der beiden Frauen zugab, die Beschuldigungen erfunden zu haben, hielt eine Jury nach der anderen an ihrem Schuldspruch fest. Der *Supreme Court* erklärte schließlich die Todesurteile für unwirksam, weil in allen bisherigen Verhandlungen Schwarze als Geschworene ausgeschlossen worden waren. Nach sechs Jahren Haft wurden die vier jüngsten Angeklagten freigelassen. Ein weiterer erhielt eine langjährige Freiheitsstrafe, konnte aber 1948 aus dem Gefängnis fliehen. Die übrigen wurden auf Bewährung verurteilt. Eine offizielle Rehabilitierung erfolgte nur in einem Fall und zwar erst viele Jahre später.

Zwischen den Scottsboro-Verfahren und dem Robinson-Prozess gibt es zahlreiche Parallelen. Beide Male geht es um den Vorwurf von Vergewaltigung weißer Frauen durch schwarze

Männer. Einige der Anwälte in den Scottsboro-Prozessen bewiesen ein ähnliches Engagement für die Sache ihrer Mandanten wie Atticus Finch. Auch ein Richter, James E. Horton, legte großen Mut an den Tag, als er den Schuldspruch der Geschworenen mit der Begründung für ungültig erklärte, dieser sei durch die Beweislage nicht gedeckt. Seine Schlussworte an die Jury in einem der Prozesse erinnern an Atticus' Plädoyer in *Mockingbird*:

> *Now, gentlemen, under our law when it comes to the courts we know neither native, nor alien, we know neither Jew nor Gentile, we know neither black nor white ... It is our duty to mete out even-handed justice.*[13]

Scottsboro war sicher der bekannteste aber keineswegs der einzige Fall dieser Art. Als Harper Lee etwa acht Jahre alt war, wurde im *Monroeville County Courthouse* der schwarze Gelegenheitsarbeiter Walter Lett wegen angeblicher Vergewaltigung zum Tode verurteilt. Die Strafe wurde später wegen erheblicher Zweifel an Letts Täterschaft in lebenslange Haft umgewandelt, und der Verurteilte endete schließlich in einer Anstalt für Geisteskranke. Im *Monroeville Journal,* dessen Herausgeber zu dieser Zeit Lees Vater Amasa war, ist die Verhandlung dokumentiert. Sie ähnelt in vielen Details der Beschreibung, welche die Autorin in ihrem Roman geliefert hat. Auch ein Mordfall aus dem Jahr 1919, in dem Mr Lee selbst als Anwalt von zwei Schwarzen auftrat, könnte der Tochter in Erinnerung geblieben sein. Es ist anzunehmen, dass der Vater, ein damals noch unerfahrener junger Strafverteidiger, später davon erzählt hat. Beide Angeklagte wurden übrigens verurteilt, gehängt und die Leichen verstümmelt.

Der thematische Schwerpunkt des Romans liegt in der Widerspiegelung der **sozialen Strukturen** einer typischen Kleinstadt des amerikanischen Südens. Das gesellschaftliche Gefüge von Maycomb wird bestimmt durch ein **Kastensystem**, dessen

Funktion vornehmlich in der Aufrechterhaltung der Rassenschranke zwischen weißen und schwarzen Einwohnern besteht, das aber auch die weiße Bevölkerung in unterschiedliche Gruppen aufteilt.

Trotz der offiziellen Abschaffung der Sklaverei wird die strikte Trennung in Beherrscher und Unterdrückte nach dem Bürgerkrieg weitergeführt. Was auch immer diese Trennung infrage stellen könnte, gilt als Tabu. Tom Robinsons Unschuld ist klar erwiesen, dennoch wird ihm der Umstand, dass er mit Mayella allein in einem Raum war, zum Verhängnis. Seine Aussage, er habe Mitleid mit ihr gehabt, ist ebenfalls ein Tabubruch, deutet sie doch eine Einstellung an, die einem Schwarzen in Bezug auf eine weiße Person nicht zusteht. Das Bestreben, den Schwarzen ihre Grenzen aufzuzeigen, führte zu einem komplexen Verhaltenskodex im Umgang zwischen Schwarzen und Weißen. Zum Beispiel hatten Schwarze männlichen Geschlechts den Blick auf den Boden zu richten, wenn sie einer weißen Frau begegneten. Mit ihr sprechen durften sie nur, wenn sie dazu aufgefordert wurden. Grundsätzlich galt die Regel, dass Schwarze in Gegenwart Weißer stets einen freundlichen und heiteren Eindruck zu machen hatten. So etwa ist Mrs Merriweathers Klage über das Verhalten ihres Dienstmädchens zu verstehen, das nach Tom Robinsons Verurteilung mit einem mürrischen Gesichtsausdruck herumläuft. So sagt sie zu Mrs Farrow: "I tell you there's nothing more distracting than a sulky darky. Their mouths go down to here. Just ruins your day to have one of 'em in the kitchen." (S. 256)

Harper Lees Roman zeichnet ein bewusst positives Bild der schwarzen Einwohner von Maycomb. Die Kirchengemeinde etwa lässt ein hohes Maß an praktischer Solidarität erkennen, wie die Hilfsaktion für Toms Familie beweist. Mit nur wenigen Ausnahmen sind schwarze Charaktere sympathische Figuren, allen voran Tom Robinson und Calpurnia. Auch Reverend Sykes ist eine würdevolle und Vertrauen einflößende Persönlichkeit. Umso schwerer wiegen die **Vorurteile** der weißen Mehrheit gegen die schwarzen Mitbürger. Nur wenige weiße Männer und Frauen des Romans sind ihnen gegenüber ohne Vorbehalte. Dazu gehören neben Atticus und Miss Maudie etwa Mr Raymond, Mr Deas und Mr Underwood. Richter Taylor und Sheriff Tate verhalten sich von Amts wegen neutral. Besonders groß ist die Voreingenommenheit in der weißen Unterschicht, die seit der Abschaffung der Sklaverei ihren Status in der Gesellschaft durch die schwarze Minderheit bedroht sieht. Vor dem Hintergrund der schlechten wirtschaftlichen Lage ist die Angst vor sozialem Abstieg in der weißen Arbeiterschaft weitverbreitet.

Das Kastensystem kennt nicht nur den Rassenunterschied, sondern auch **soziale Abstufungen innerhalb der weißen Gesellschaft**. Auf der untersten Stufe stehen Menschen wie Bob Ewell, die nichts zu verlieren haben außer ihrem Anspruch, besser zu sein als die „nigger". Seine Aggressionen an Tom und dessen Familie auszulassen, ist für Ewell die einzige Möglichkeit der Selbstbestätigung. Obwohl er praktisch von allen Mitbürgern als „white trash" abgelehnt wird, gilt sein Wort vor Gericht mehr als das des Angeklagten. Dagegen genießen „poor whites" wie die Cunninghams, die sich durch ehrliche Arbeit mehr schlecht als recht ernähren, einen gewissen Respekt. Sie sind in Tante Alexandras Augen zwar ebenfalls „trash", aber Atticus erkennt ihren hartnäckigen Selbstbehauptungswillen an, wenn er sagt: "[They] hadn't taken anything from or off anybody since they migrated to the New World." (S. 245)

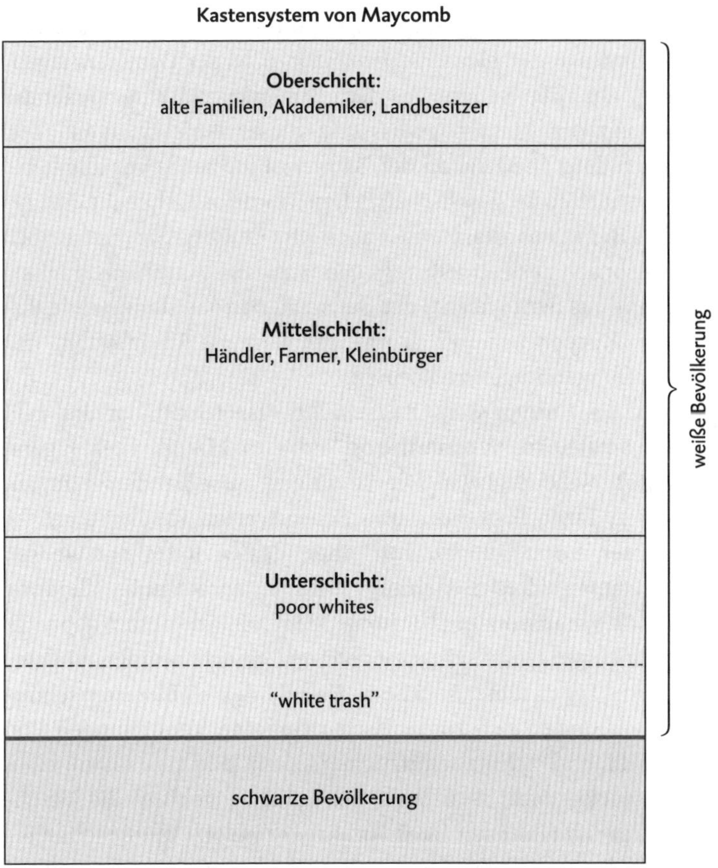


Eine Stufe höher steht die weiße Mittelklasse, zu der die anonyme Mehrheit von Maycomb gehört. Es sind kleine Farmer, Handwerker oder Ladenbesitzer. Auch alleinstehende ältere Menschen, wie Mr Avery und die Damen Tutti und Frutti, oder Außenseiter wie die Radleys gehören dazu. Die Spitzenstellung in der sozialen Hierarchie wird von einer kleinen Schicht „Gebildeter“ eingenommen. Hierzu zählen die Finch-Familie, die Damen der Missionsgesellschaft und Vertreter akademischer

Berufe wie Judge Taylor und Dr. Reynolds. Viele von ihnen sind Abkömmlinge der *planter aristocracy,* d.h. der Großplantagenbesitzer des alten Südens vor dem Bürgerkrieg. Tante Alexandra verkörpert das Klassenbewusstsein dieser konservativen Elite, das nach dem Niedergang der Baumwollindustrie vor allem auf dem Festhalten an gesellschaftlichen Traditionen beruht. Ein typisches Relikt aus alter Zeit ist auch Mrs Dubose. Sie dürfte noch vor Ausbruch des Bürgerkriegs geboren sein. Angeblich trägt sie stets eine aus dem Arsenal der Südstaatenarmee stammende Pistole am Körper, vermutlich um ihre Ehre als Frau notfalls mit der Waffe verteidigen zu können.

Was die Damen der Oberschicht auszeichnet, ist das Bild einer „**Southern Womanhood**", das in Harper Lees Jugend noch sehr lebendig war. Die ständigen Auseinandersetzungen zwischen Tante Alexandra und Scout werfen ein Licht auf die überlebten Vorstellungen von einer idealen Rolle der weißen Frau. Damenhaftes Benehmen und entsprechende Kleidung galten als Voraussetzung für junge Mädchen, die dem Anspruch, zur gehobenen Gesellschaft zu gehören, gerecht werden wollten. Mit dem Typus der „Southern Belle", der „Südstaatenschönheit", verbanden sich romantisch-ritterliche Vorstellungen von Unschuld und Schutzbedürftigkeit. Zum Bild des männlichen Gegenstücks, dem „Southern Gentleman", gehörte die Verehrung dieses weiblichen Ideals und nicht zuletzt die Beschützerrolle, denn es galt, die Ehre weißer Frauen vor der vermeintlichen Bedrohung durch Übergriffe schwarzer Männer zu bewahren. Dieses Frauenbild hatte wesentlichen Anteil an der Diskriminierung und Kriminalisierung vor allem der männlichen schwarzen Bevölkerung bis in die Mitte des 20. Jahrhunderts hinein. Wenn Mrs Farrow im Gespräch mit Mrs Merriweather versichert: "We can educate 'em [the blacks] till we're blue in the face, we can try till we drop to make Christians out of 'em, but there's no lady safe in her bed these nights" (S. 256), so liegt dieser Äußerung die Vorstellung zugrunde, die sexuellen Wünsche der Schwarzen seien in besonderem Maße auf die Vergewaltigung weißer Frauen gerichtet.

Harper Lees Auseinandersetzung mit Vorurteilen beschränkt sich nicht auf das Rassismusproblem. Es geht vielmehr um die Gefahr der gesellschaftlichen **Typisierung und Klassifizierung** in allen Lebensbereichen. Tante Alexandras Vorstellung von der besonderen Bedeutung der Finch-Familie ist verbunden mit der Ablehnung der Cunninghams und der gesamten „ungebildeten" Bevölkerung. Überhaupt wird in Maycomb jede Familie und jeder Einzelne mit einem Etikett versehen. Wer hier zu Hause ist, kennt Merksätze wie: "No Crawford Minds His Own Business, Every Third Merriwater is Morbid, The Truth is Not in the Delafields, All the Bufords Walk Like That." (S. 145) In dieses Denkschema passt dann die Stigmatisierung der Radleys als gesellschaftliche Außenseiter, die in der Folge zur auf Gerüchten basierenden Verurteilung Boos als eines blutrünstigen Monsters führt.

An Boos Beispiel zeigt die Autorin die Verknüpfung von Vorurteilen mit **Furcht und Aberglauben**. Der Roman übernimmt hier eine Reihe von Motiven aus der sogenannten *Gothic Tradition* der Südstaatenliteratur. Darunter versteht man ein Genre, welches das Unheimliche und Übernatürliche betont, oft in Verbindung mit Grausamkeit, Gewalt und Wahnsinn. Für Lee geht es freilich nicht um Horrorszenarien und Schilderungen von Angst und Schrecken, sondern um einen moralischen Aspekt. Boos Verhalten ist bis zu einem gewissen Punkt nachvollziehbar, wie Miss Maudies Vermutungen über die streng religiöse Erziehung durch seinen Vater zeigen. Es sind die hartnäckig kursierenden böswilligen Gerüchte, die aus ihm ein nächtliches Ungeheuer, eine Art Vampir machen, der vor den Fenstern schlafender Frauen lauert. Das Bild, das etwa Stephanie Crawford verbreitet, entspringt einer perversen Fantasie und appelliert an die abergläubische Furcht der Menschen vor dem Unbekannten. Auch Jem und Scout leben zunächst in dieser Welt der Gerüchte und Legenden. Das Haus der Radleys ist für sie ein gefährliches Spukhaus, dem man besser nicht zu nahe kommt. Aus den Erzählungen über Boo fantasieren sie mit Dills Hilfe Theaterstücke zusammen, bis Atticus einschreitet und ihre Rollenspiele verbietet. Jem entdeckt schon frühzeitig Boos wahren Charakter und auch Scouts Neugier verwandelt sich allmählich in den Wunsch, ihn näher kennenzulernen. Am Schluss haben beide Kinder die Angst vor dem angeblichen Ungeheuer überwunden und sind dem Gespensterglauben von Maycomb entwachsen, ohne Schaden genommen zu haben.

Atticus' Antwort auf die Frage, wie man mit Vorurteilen umgehen soll, besteht in dem Grundsatz, sich erst in andere hineinzuversetzen, bevor man ein Urteil über sie fällt (siehe Personen, S. 27). **Empathie**, also das Einfühlungsvermögen in andere Menschen, stellt für ihn den Königsweg zu echter Toleranz dar. Diesen Weg zu gehen, erfordert Mut und ist besonders dann gefährlich, wenn irrationale Praktiken und Einstellungen wie Rassismus oder Aberglaube mit im Spiel sind. Atticus beweist, dass er dieser Herausforderung gewachsen ist. Allerdings unterschätzt er die Macht des Bösen, und so bleibt es am Ende Boo Radley überlassen, Jem und Scout gegen den wirklichen Unhold Bob Ewell zu verteidigen.

Boos entschlossenes Handeln stellt ihn an die Seite der Hoffnungsträger des Romans. Wie Atticus, Miss Maudie, Sheriff Tate oder Mr Underwood gehört er zu den Romanfiguren, deren Wahrheits- und Gerechtigkeitssinn für ein friedliches, von Toleranz geprägtes Zusammenleben in den Südstaaten steht. Im Gegensatz zu dem Bild, das sich die Bewohner von Maycomb von Boo machen, ist dieser scheue, einsame Mensch im Grunde seines Wesens ein sympathischer Charakter. So wie Tom Robinson machtlos dem Rassismus der weißen Bevölkerung ausgeliefert ist, muss Boo die morbide Einbildungskraft seiner Umgebung erdulden, ohne etwas dagegen ausrichten zu können. Wohl aber kann er dem Übeltäter Bob Ewell die Stirn bieten und ihn daran hindern, einen Doppelmord an Atticus' Kindern zu begehen.

Bob Ewell verkörpert das **absolute Böse**. Eine solche Gestalt ist für einen realistischen Roman eigentlich untypisch, denn sie sprengt den Rahmen des psychologisch Glaubwürdigen. Während Mayellas Verhalten angesichts ihrer Lebensumstände noch nachvollziehbar ist und in mancher Hinsicht sogar Mitleid erregt, scheint ihr Vater das Böse um des Bösen willen zu tun. Sein ganzes Streben ist darauf gerichtet, anderen Menschen zu schaden, ohne dass die Erzählerin deutlich werden lässt, was ihn dazu veranlasst. R. A. Dave liefert in seinem schon erwähnten Essay (siehe Sprache und Symbolik, S. 53) folgende Erklärung: "This can be understood in the context of her having patterned the story after the model of a morality play with a distinct line of demarcation between good and evil, right and wrong, beautiful and ugly."[14] Dave kommt zu dem Schluss: "Harper Lee has an intense ethical bias and there is about the novel a definite moral fervour."[15]

Im **Kampf zwischen Gut und Böse**, in dem auch Atticus' Toleranzmaxime versagt, fällt Boo die Aufgabe zu, eine Entscheidung herbeizuführen. Indem er Ewell tötet, bestätigt er die Gültigkeit eines ethischen Wertekanons. Zwar kann auch er das an Tom Robinson begangene Unrecht nicht ungeschehen machen, aber er sorgt zumindest dafür, dass Schuld und Sühne sich die Waage halten und der Hauptschuldige bestraft wird. Heck Tate formuliert dies auf seine Art, als er Atticus erklärt, warum Boo nicht zur Rechenschaft gezogen werden darf. Er sagt:

> *There's a black boy dead for no reason, and the man responsible for it's dead. Let the dead bury the dead this time, Mr Finch, let the dead bury the dead.* (S. 304)

# 5 Schlüsselstellen

**"Your father does not know how to teach." (S. 18–20)**

Im zweiten Kapitel berichtet die Erzählerin von ihren ersten Schulerfahrungen. Die Textstelle veranschaulicht beispielhaft, wie die Sichtweise der kleinen Scout durch Kommentare der erwachsenen Jean Louise eine humorvoll-ironische Bedeutung erhält. Inhaltlich geht es um **Scouts Erziehung**. Der weisen, einfühlsamen Führung durch Atticus wird ein starres Schulsystem gegenübergestellt, das nicht auf die Bedürfnisse des Kindes eingeht.

Miss Caroline Fisher, Scouts junge, noch unerfahrene Lehrerin, stammt aus Nord-Alabama und ist mit den Verhältnissen in Maybomb nicht vertraut. Sie weiß nicht, aus welchen Elternhäusern die Kinder stammen und in welcher Umgebung sie aufwachsen. Ihr erster Fehler besteht darin, eine sentimentale Katzengeschichte vorzulesen, in der die Tiere wie Menschen handeln und lange Gespräche führen. Was vielleicht in einer Großstadtschule angemessen gewesen wäre, stößt bei den zerlumpten Landkindern auf Unverständnis. "[They] were immune to imaginative literature", merkt die Erzählerin ironisch an. (S. 18) Miss Caroline scheint davon nichts zu spüren, obwohl die Klasse herumzappelt „like a bucketful of catawba worms". Sie schließt ihre Darbietung vielmehr mit dem verzückten Ausruf ab: "*Oh*, my, wasn't that nice?"

Als Nächstes malt sie in großen Buchstaben das Alphabet an die Tafel. Ihre Frage: "Does anybody know what these are?" wird von der Erzählerin mit der Feststellung kommentiert: "Everybody did; most of the first grade had failed it last year." Dass die Kinder größtenteils Wiederholer sind, liegt an der Armut der meisten Familien. Kinder werden als kostenlose Arbeitskräfte gebraucht und fehlen daher in der Schule. Entsprechend hoch ist die Zahl der Sitzenbleiber und Analphabeten.

Auch als Erwachsene können viele nur mit Mühe ihren Namen schreiben.

Im Gegensatz dazu kann Scout bereits vor Schulbeginn fließend lesen. Sie verdankt dies ihrem Vater, auf dessen Schoß sie allabendlich, anscheinend ohne es bewusst wahrzunehmen, Buchstaben und Wörter zu unterscheiden gelernt hat:

> *Now that I was compelled to think about it, reading was something that just came to me [...] I could not remember when the lines above Atticus's moving finger separated into words, but I had stared at them all the evenings in my memory, listening to [...] anything Atticus happened to be reading when I crawled into his lap every night.* (S. 19 f.)

Als sie auf Miss Carolines Aufforderung hin nicht nur das Alphabet, sondern gleich noch den größten Teil des Lesebuchs und den Börsenbericht aus der Zeitung vorliest, ist die Lehrerin schockiert. Für sie steht fest, dass Atticus seine Tochter unterrichtet haben muss. Scouts Versicherung, dies sei nicht der Fall, Atticus habe gar keine Zeit für so etwas, wischt sie beiseite: "Now tell your father not to teach you any more. It's best to begin reading with a fresh mind. You tell him I'll take over from here and try to undo the damage." (S. 19) Hinter diesen Worten verbirgt sich ihre Unsicherheit. Sie hat das Gefühl, einem hochbegabten Kind wie Scout nicht gewachsen zu sein. Anstatt das Mädchen zu loben und ihm zu seinem Vater zu gratulieren, beruft sie sich auf ihre professionelle Autorität und versteigt sich zu der Feststellung: "Your father does not know how to teach." Für den Leser, der inzwischen weiß, mit wie viel Einfühlungsvermögen und Klugheit Atticus seine Kinder erzieht, enthält dieser Satz einen paradoxen Vorwurf. Nicht Atticus' pädagogische Fähigkeiten, sondern die der Lehrerin werden hier infrage gestellt. Übrigens löst Atticus das Problem etwas später auf seine Weise. Er verspricht Scout, das abendliche Vorleseritual fortzusetzen, wenn sie ihrerseits bereit sei, weiterhin zur Schule zu gehen. Miss Caroline soll von dieser Abmachung möglichst nicht erfahren.

In der Pause beklagt sich Scout bei ihrem Bruder über die ungerechte Behandlung durch die Lehrerin. Jem versucht, seine Schwester zu trösten, indem er ihr erklärt, Miss Caroline unterrichte nach dem Dewey-Dezimalsystem, einer neuen, fortschrittlichen Methode: "You don't have to learn much out of books that way – it's like if you wanta learn about cows, you go milk one, see?" (S. 20) Scout zweifelt an Jems Verstand, zumal das neue System sich in der folgenden Stunde als höchst fragwürdig erweist. Als Erzählerin erinnert sie sich:

> *The Dewey Decimal System consisted, in part, of Miss Caroline waving cards at us on which were printed 'the', 'cat', 'rat', 'man', and 'you'. No comment seemed to be expected of us, and the class received these impressionistic revelations in silence.* (S. 20)

Dass Scout sich langweilt und einen Brief an Dill zu schreiben beginnt, wundert angesichts der offenbaren Sinnlosigkeit des Systems nicht, führt aber zu einem erneuten Zusammenstoß mit der Lehrerin. Schreiben, so Miss Caroline, sei noch nicht an der Reihe: "We don't write in the first grade, we print. You won't learn to write until you're in the third grade." Dass Scout bereits jetzt über diese Fertigkeit verfügt, spielt anscheinend keine Rolle.

Jems Informationen über das Dewey-Dezimalsystem beruhen auf einer Verwechslung des Bibliothekars Melvil Dewey (1851–1931) mit dem Philosophen und Pädagogen John Dewey (1859–1952). Ersterer ist der Erfinder eines nach ihm benannten Klassifikationssystems für Bibliotheken, Letzerer entwickelte eine Lerntheorie, wonach Kinder vor allem durch praktisches Tun und weniger durch formale Instruktion gefördert werden. Wenn Jem für ein solches aktives Erfahrungslernen einen Begriff gebraucht, der ein starres, quasi mathematisches System der Kategorisierung benennt, so liegt in diesem Missverständnis ein ironischer Hinweis der Erzählerin auf den Unterschied zwischen Scouts selbstständigem Lernverhalten und Miss Carolines methodischem Rigorismus. Lebendige Lebenserfahrung und systematische Schulpädagogik stehen hier in einem unüberbrückbaren Gegensatz, und so stellt die Erzählerin zu Beginn des vierten Kapitels rückblickend fest:

> *The remainder of my schooldays were no more auspicious than the first. [...] as I inched sluggishly along the treadmill of the Maycomb County school system, I could not help receiving the impression that I was being cheated out of something. Out of what I knew not, yet I did not believe that twelve years of unrelieved boredom was exactly what the state had in mind for me.* (S. 36)

**"Hey, Mr Cunningham. How's your entailment gettin' along?" (S. 169/170)**

Im 15. Kapitel bricht der latente Rassismus offen aus und kulminiert in einer gefährlichen Konfrontation zwischen Atticus und dem Mob von Maycomb. Für die Kinder ist diese Situation ein wichtiger Schritt auf dem harten Weg zum Erwachsenwerden.

Zu Beginn des Kapitels wird mit "A nightmare was upon us" (S. 159) die drohende Gefahr bereits angekündigt. Der Sheriff und ein paar Männer erscheinen bei Atticus, um ihn vor dem weißen Mob von Maycomb zu warnen. Jem ist beunruhigt. Er hat vom Ku-Klux-Klan und von Lynchjustiz gehört. Sein Vater gibt sich gelassen, beschließt aber dennoch, vor dem Gefängniseingang Posten zu beziehen. Die Kinder folgen ihm heimlich, Jem aus Sorge um Atticus, Scout und Dill aus Neugier.

Die Beschreibung des Gefängnisses enthält symbolische Hinweise auf das kommende Geschehen. Das kleine Gebäude ist eine seltsame Mischung aus verschiedensten Stilen, ein architektonischer Albtraum, in dem sich Absurdes und Schreckliches verbinden. Absurd, schrecklich und zugleich komisch gestaltet sich auch die anschließende Szene. "[A] sickeningly comic aspect of an unfunny situation" (S. 166) nennt die Erzählerin das Geflüster der plötzlich aufgetauchten Bande. "You know what we want", sagt eine Stimme so laut, dass Scout es hören kann. Allen scheint klar zu sein, was der Sprecher meint, nur Scout schöpft keinerlei Verdacht. Aus Atticus' Benehmen kann sie den Ernst der Lage nicht erahnen. Er bleibt gelassen, auch als er feststellen muss, dass er mit Heck Tates Hilfe nicht rechnen kann. Der weitere Dialog ist aus Scouts Sicht ebenso unverdächtig. Atticus' Frage: "Do you really think so?" (S. 167) kennen die Kinder sonst als Zeichen dafür, dass er im Begriff ist, sein Spiel zu gewinnen.[16] Um nichts zu versäumen, zwängt Scout sich schnell zwischen den Männern hindurch und läuft zu ihm hin. Als Leser wissen wir, dass Atticus in großer Gefahr schwebt. Scout scheint die Einzige zu sein, die nicht begriffen hat, was gespielt wird.

Die Ereignisse nehmen nun einen für Scout ziemlich verwirrenden Verlauf. Atticus freut sich nicht, sie zu sehen, sondern scheint Angst zu haben. Er möchte, dass die Kinder sich so schnell wie möglich entfernen. Mit Erstaunen wird sie Zeugin von Jems Weigerung, nach Hause zu gehen. So hartnäckig hat er sich seinem Vater noch nie widersetzt. Sie bemerkt, dass die Männer nicht die Freunde sind, die den Sheriff am Tag zuvor begleitet haben, sondern fremde, finstere, teilweise vermummte Gestalten. Sie sucht nach einem bekannten Gesicht und entdeckt Mr Cunningham, den sie vom vorletzten Winter her als Klienten ihres Vaters kennt. Sie weiß, dass er damals wegen seines Erbpachtvertrags ein langes Gespräch mit Atticus führte und dass das Honorar aus Naturalien bestand. Da niemand etwas sagt, hält sie es für angemessen, ein freundliches Gespräch mit ihm zu beginnen. Die „Ansprache“, die Scout hält, wird von allen Anwesenden mit ungläubigem Staunen und atemloser

Spannung verfolgt. Alle Blicke sind auf sie gerichtet, einige Männer, darunter Atticus, stehen mit offenem Mund da. Scout macht höfliche Konversation, als handele es sich um die zufällige Begegnung mit einem Bekannten. Von Atticus hat sie gelernt, es sei gutes Benehmen, ein Thema zu wählen, das den Gesprächspartner interessiert. Also erkundigt sie sich nach Mr Cunninghams „entailment". Dieser möchte jedoch offenbar nicht über seinen Pachtvertrag reden. Er schaut in eine andere Richtung und räuspert sich verlegen. "My friendly overture had fallen flat", bemerkt Scout und versucht es mit einer anderen Eröffnungsstrategie. Sie erinnert ihn daran, wer sie ist und wo sie sich kennengelernt haben, doch der Angeredete reagiert nicht. Scout fühlt sich zurückgewiesen: "I began to sense the futility one feels when unacknowledged by a chance acquaintance." (S. 169) Beim dritten Versuch, als sie ihn auf seinen Sohn Walter anspricht, zeigt er immerhin durch ein leichtes Kopfnicken, dass er weiß, wer sie ist. Obwohl Scout Grüße an Walter bestellt, kann auch dieses Thema ihn nicht aus der Reserve locken und so greift sie notgedrungen noch einmal das leidige „entailment" auf, „in a last-ditch effort to make him feel at home". (ebd.)

Noch immer glaubt Scout, dass es sich hier um ein zufälliges Treffen handelt. Allerdings kommen ihr angesichts der merkwürdigen Stille ringsum gewisse Zweifel und sie wendet sich hilfesuchend an Atticus. Als auch er schweigt, weiß sie nicht mehr weiter. Sie fühlt sich unbehaglich:

> *I began to feel sweat gathering at the edges of my hair; I could stand anything but a bunch of people looking at me. They were quite still.* (S. 170)

Mit ihrer Frage "What's the matter?" erreicht die Spannung ihren Höhepunkt. Es ist klar, dass es nun zu einer Entscheidung kommen muss. Diese fällt freilich anders aus, als zu erwarten war: Der hartgesottene potenzielle Mörder Cunningham geht vor dem kleinen Mädchen in die Knie und umfasst ihre Schultern: “I’ll tell him you said hey, little lady.” Scout hat gewonnen. Es ist eine Kapitulation der Gewalt vor der kindlichen Unschuld, ein Sieg der Humanität über die Barbarei. Cunningham bringt es nicht über sich, vor den Augen eines Kindes, das sein eigenes sein könnte, einen Mord zu begehen.

Die Szene wird auch für die übrigen Personen zur Charakterprobe. Jem, der im Gegensatz zu seiner Schwester sehr wohl die Gefährlichkeit der Situation begreift, beweist durch seine Hartnäckigkeit, dass er seinem Vater an Mut nicht nachsteht. Dill sagt die ganze Zeit über kein Wort und findet erst nach dem Abzug der Männer die Sprache wieder. Atticus hat Mühe, Haltung zu bewahren. Dem Mob gegenüberzutreten ist eine Sache, seine Kinder in Gefahr zu sehen eine andere. Als Jem nicht von seiner Seite weichen will, ist er ratlos. Scouts Verhalten rührt ihn zu Tränen, als ihm klar wird, dass sie mit ihrem Geplapper Tom Robinson das Leben gerettet hat. “They won’t bother you again”, beruhigt er Tom, als dieser von seiner Zelle aus fragt, ob die Männer fort seien.

Das Kapitel endet mit einer Schlusspointe. Erst jetzt erfährt der Leser, dass Mr Underwood mit seiner Doppelflinte auf der Lauer gelegen und Atticus „Feuerschutz“ gegeben hat. Die Welt scheint zur Normalität zurückzukehren, während die beiden Männer ausführlich das Geschehene besprechen. Zum Erstaunen Scouts, die für ihren Bruder eine saftige Strafe erwartet, streckt Atticus auf dem Heimweg mit einer zärtlichen Geste die Hand nach Jem aus und fährt ihm durch die Haare. Sie hat noch immer nicht ganz begriffen, was eigentlich geschehen ist. Erst als sie schon im Bett liegt und im Halbschlaf noch einmal das Bild ihres Vaters vor sich sieht, wie er allein dem Mob gegenübertritt, fällt es ihr wie Schuppen von den Augen:

*The full meaning of the night’s events hit me and I began crying.* (S. 172)

**"Naw, Jem, I think there's just one kind of folks. Folks." (S. 249–251)**
Scouts Äußerung fällt im Verlauf eines Gesprächs über Klassenunterschiede, das sie und Jem am Ende des 23. Kapitels führen. Vorangegangen sind Diskussionen zwischen Jem und Atticus über die Ungerechtigkeit im Justizsystem, und zwischen Scout und Tante Alexandra über Vorurteile in Gesellschaft und Familie. Scout möchte Walter Cunningham einladen, nachdem sie erfahren hat, dass ein Mitglied seines Clans unter dem Eindruck von Atticus' mutiger Weigerung, vor dem Lynchmob zurückzuweichen, als einziges Jurymitglied Widerstand gegen die Verurteilung Tom Robinsons geleistet haben soll. Tante Alexandra bedeutet ihrer Nichte, ein solcher Umgang sei für ein Mitglied der Finch-Familie ausgeschlossen. Scout besteht auf einer ehrlichen Antwort auf die Frage nach den Gründen. Am Ende kann die Tante ihre Voreingenommenheit nicht länger verbergen und stößt hervor: "Because – he [Walter] – is – trash." (S. 248) Scout ist sehr aufgebracht, zumal Atticus sich kurz zuvor positiv über die Cunninghams geäußert und dem Begriff „trash" eine ganz andere, nämlich charakterliche Bedeutung gegeben hat, wenn er zu seinen Kindern sagt:

> *As you grow older, you'll see white men cheat black men every day of your life, but let me tell you something and don't you forget it – whenever a white man does that to a black man, no matter who he is, how rich he is, or how fine a family he comes from, that white man is trash.* (S. 243)

Und mit einer für ihn ungewöhnlichen Schärfe fügt er sogar noch eine pessimistische Warnung hinzu:

> *Don't fool yourselves – it's all adding up, and one of these days we're going to pay the price for it. I hope it's not in you children's time.* (S. 243 f.)

Vor diesem Hintergrund also machen sich die Kinder ihre Gedanken über gesellschaftliche Unterschiede und Gegensätze. Jem hat die Probleme durchdacht ("I've got it all figured out, now") und hat eine Theorie entwickelt, wonach sich die Menschen in Maycomb in vier Klassen einteilen lassen:

*There's the ordinary kind like us and the neighbours, there's the kind like the Cunninghams out in the woods, the kind like the Ewells down at the dump, and the Negroes.* (S. 249)

Die Frage ist nur, warum in diesem hierarchischen System die jeweils höhere Klasse die unter ihr stehende ablehnt und verachtet. Dass „alte Familien" wie die Finchs anders sind als die Cunninghams, beruht nach Jems Meinung auf ihrem „background". Solche Familien haben schon vor langer Zeit lesen und schreiben gelernt. Anders die Cunninghams: "Mr Walter can hardly sign his name [...]. We've just been readin' and writin' longer'n they have", lautet Jems Erklärung.

Scout widerspricht: "No, everybody's gotta learn, nobody's born knowin'", sagt sie und stellt die Gegenthese auf: "I think there's just one kind of folks. Folks." (S. 250) Ihr natürliches Gerechtigkeitsempfinden entspricht dem Gleichheitsgedanken, wie er in der Präambel zur *Declaration of Independence* formuliert ist: "We hold these truths to be self-evident, that all men are created equal [...]". Scouts Äußerung spiegelt die moralischen Grundüberzeugungen sowohl von Atticus Finch als auch der Autorin wider, und wirft ein beschämendes Licht auf Rassismus und Kastendenken der Erwachsenen.

Jems Antwort geht noch weiter:

*If there's just one kind of folks, why can't they get along with each other? If they're all alike, why do they go out of their way to despise each other?* (S. 251)

Hier rührt er an ein Kernthema des Romans, die tief sitzenden Vorurteile, die zu Streit und Hass führen. Jem sucht nach dem Grund, warum die Menschen nicht friedlich miteinander auskommen, eine Frage, bei der sogar Atticus kurz zuvor resignierend feststellen musste:

*There's something in our world that makes men lose their heads – they couldn't be fair if they tried. In our courts, when it's a white man's word against a black man's, the white man always wins. They're ugly, but those are the facts of life.* (S. 243)

Dahinter steht letzten Endes die Frage nach den Wurzeln des Bösen und der Ungerechtigkeit. Jems letzter Satz zeigt, wie sehr ihn dieses Problem beschäftigt:

*Scout, I think I'm beginning to understand something. I think I'm beginning to understand why Boo Radley's stayed shut up in the house all this time … it's because he* wants *to stay inside.* (S. 251)

Wenn Jem recht hat, so ist Boo Radleys Abneigung gegen Dummheit und Hysterie so groß, dass er es vorzieht, die Menschen zu meiden.

**"God damn it, I'm not thinking of Jem!" (S. 302–304)**

In den letzten drei Kapiteln führt die Autorin die Romanhandlung zu einem meisterhaft erzählten Abschluss. Nach den dramatischen Ereignissen des 28. Kapitels, in dem Boo Radley den Kindern das Leben rettet, schildert Scout in Kapitel 29, was sie erlebt hat. Dabei wird ihr allmählich klar, welcher Gefahr sie und Jem entronnen sind. Zum ersten und einzigen Mal steht sie Boo gegenüber und spricht mit ihm. Ihr Fantasiebild von einem grässlichen Phantom hat sich längst verflüchtigt. Sie sieht einen sensiblen, hilfsbedürftigen Menschen vor sich und spürt seine Zuneigung. Nach allem, was geschehen ist, empfindet sie Respekt und Verständnis. Sie kann sich in ihn hineinversetzen und weiß auch ohne Worte, was er sagen will.

Im 30. Kapitel ziehen sich Atticus, Heck Tate, Scout und Boo Radley auf die Veranda zurück. Atticus und Tate diskutieren das Vorgefallene, während Scout angespannt zuhört. Boo bleibt weiterhin teilnahmslos und stumm. Zunächst reden die beiden Männer eine Weile aneinander vorbei. Atticus' Gedanken sind bei Jem, denn er glaubt, sein Sohn habe Bob Ewell in Notwehr getötet. Tate, der Atticus diesmal einen Schritt voraus ist, hat den wahren Sachverhalt längst durchschaut. Er weiß, dass Ewell von Boo erstochen worden ist, und hat bereits eine Lösung des Falls parat.

Der Sheriff ist zwar, nimmt man den Roman im Ganzen, nur eine Nebenfigur, aber in dieser Szene erweist er sich Atticus an Klugheit und Menschlichkeit ebenbürtig. Hartnäckig besteht er auf seinem angeblichen Ermittlungsergebnis, wonach Bob Ewell in sein eigenes Messer gefallen sei. Er demonstriert sogar mit einem Klappmesser den Hergang, obwohl er weiß, dass das Küchenmesser in Ewells Rücken aus dem Haushalt der Radleys stammen muss. Ebenso hartnäckig hält Atticus daran fest, dass Heck mit dieser Version Jem lediglich vor einer möglichen Bestrafung und ihren Folgen schützen möchte. Er, Atticus, sei es aber sich selbst und seinem Sohn schuldig, bei der Wahrheit zu bleiben:

> *If I connived at something like this, frankly I couldn't meet his eye, and the day I can't do that I'll know I've lost him. I don't want to lose him and Scout, because they're all I've got.* (S. 301)

Die Auseinandersetzung erreicht ihren Höhepunkt, als Tate schließlich lautstark und eindringlich – im Text durch Schrägdruck angedeutet – den entscheidenden Satz äußert: "God damn it, I'm not thinking of Jem!" (S. 302) und dabei so heftig mit dem Fuß auf den Bretterboden der Veranda stößt, dass sogar die Nachbarn aufmerksam werden. Nach einer Pause fährt er mit leiser Stimme fort, auf Atticus einzureden. Dieser ist mit einem Mal hellhörig geworden. Er erkundigt sich nach dem Messer und plötzlich geht ihm ein Licht auf. Er weiß nun, wer Ewell getötet hat und worauf der Sheriff hinauswill. Schweigend und nachdenklich hört Atticus zu, als Tate seine Gründe erläutert. Es sind bewegende Worte, mit denen er seine Handlungsweise rechtfertigt. Sie werfen ein helles Licht auf den Charakter dieses einfachen Mannes, der sein Leben in den Dienst der Allgemeinheit gestellt hat und den Mut besitzt, sich über Vorschriften hinwegzusetzen und sein Herz sprechen zu lassen, wenn es darum geht, wahre Gerechtigkeit zu üben.

> *To my way of thinkin', Mr Finch, taking the one man who's done you and this town a great service an' draggin' him with his shy ways into the limelight – to me, that's a sin. It's a sin and I'm not about to have it on my head. If it was any other man it'd be different. But not this man, Mr Finch.* (S. 304)

Tate geht, und nun ist es an Atticus, sich zu entscheiden. Lange schweigt er vor sich hin, dann sagt er zu Scout, sein Einverständnis mit Tates Vorgehensweise signalisierend: "Scout, [...] Mr Ewell fell on his knife. Can you possibly understand?" Und Scout, die weiß, dass ihr Vater nicht anders empfinden kann, erinnert ihn an das, was sie einmal von ihm gelernt hat: "Well, it'd be sort of like shootin' a mockingbird, wouldn't it?" Mit dieser Antwort stellt sie gleichzeitig eine Beziehung her zu Tates Formulierung "it's a sin" und bestätigt, was sie zuvor geäußert hat: "Yes sir, I understand [...]. Mr Tate was right." (S. 304)

Wie erleichtert und dankbar Atticus auf diese Zustimmung reagiert, zeigt die zärtliche Geste, mit der er sich von Scout verabschiedet. Bevor er sich zurückzieht, bleibt er noch vor Boo stehen und bedankt sich auch bei ihm. Beides deutet darauf hin, dass Atticus mit sich im Reinen ist. Einem Juristen, dem die Rechtsordnung so viel bedeutet wie ihm, fällt eine solche Entscheidung nicht leicht. Sie ist aber im Kontext des Romans nicht nur nachvollziehbar, sondern unumgänglich. Charakterlich wäre Atticus seinem eigenen Anspruch nicht gerecht geworden, hätte er Boo Radley der Justiz ausgeliefert. Im Konflikt zwischen dem, was das Gesetz verlangt, und der Stimme seines Gewissens folgt er dem Gebot einer höheren Gerechtigkeit.

# *Mockingbird* als Film

Die Verfilmung von Harper Lees Roman zählt zu den Höhepunkten der amerikanischen Filmgeschichte. Eine Folge glücklicher Umstände führte zur Zusammenarbeit des Produzenten Alan Pakula und des Regisseurs Robert Mulligan mit dem Bühnen-, Film- und Fernsehautor Horton Foote. Man war sich in dem Bestreben einig, der Romanvorlage im Hinblick auf Handlung und Charaktere so weit als möglich zu entsprechen. Hinzu kam, dass die drei gemeinsame Vorstellungen von einem bis dahin noch wenig erprobten Filmkonzept hatten, das bei geringem technischem Aufwand (z. B. Schwarz-Weiß statt Farbe) einem hohen künstlerischen Anspruch gerecht werden sollte. Dieser sogenannte *small film* der 60er-Jahre entstand als Gegenentwurf zum monumentalen Stil der Hollywoodproduktionen der 50er-Jahre mit ihrem enormen Material- und Personaleinsatz.

In enger Abstimmung mit dem Regisseur schuf Foote ein geniales Drehbuch. Angesichts der Stofffülle des Romans waren umfangreiche Kürzungen notwendig, um die übliche Filmdauer von zwei Stunden nicht zu überschreiten. So wurde die Romanhandlung von etwa drei Jahren Dauer auf ein Jahr reduziert. Das erforderte eine Konzentration auf wenige Schwerpunkte und eine erhebliche Steigerung des Erzähltempos. Im Vergleich mit der epischen Breite des Romans erhielt der Film einen wesentlich dramatischeren und kompakteren Zuschnitt.

Von Bedeutung war auch der Umstand, dass es gelang, den Hollywoodstar Gregory Peck für die Rolle des Atticus Finch zu gewinnen. Dies bedeutete nämlich, den Robinson-Prozess mit der Gerichtsverhandlung in den Mittelpunkt zu rücken. Der erste Teil des Romans musste somit an Gewicht verlieren. Er dient im Film im Wesentlichen als Einleitung und Hinführung zu Teil II.

Während im Roman zunächst die Welt der Kinder im Vordergrund steht, ist im Film Atticus von Anfang an maßgeblich am Geschehen beteiligt. Bereits nach zehn Minuten Spielzeit erscheint Richter Taylor und beauftragt ihn mit Toms Verteidigung, eine Szene, die im Roman so nicht vorkommt. Wenig später taucht Bob Ewell auf, trifft auf Atticus und droht ihm indirekt Rache an, falls er Tom Robinson verteidigen sollte. Durch solche und ähnliche Änderungen wird der Beginn der Robinson-Handlung weit nach vorn verlagert, sodass die unterschiedlichen Handlungsstränge der beiden Teile von Anfang an miteinander verbunden sind.

Der Schwerpunktverschiebung auf die Ereignisse um Tom Robinson und Atticus dienen auch eine Reihe von Kürzungen. So fallen die meisten der mehr oder weniger eigenständigen Episoden des ersten Romanteils fort, etwa Krankheit und Tod von Mrs Dubose, Scouts erster Schultag, der Brand von Miss Maudies Haus, Weihnachten auf Finch's Landing oder der Besuch der Kinder bei Calpurnias Kirchengemeinde. Gleichzeitig spart der Film damit eine nicht unerhebliche Zahl von Charakteren ein. Neben vielen anderen fehlen zum Beispiel Tante Alexandra, ihr Enkel Francis, Onkel Jack, Scouts Lehrerinnen, Dolphus Raymond, Link Deas und Braxton Underwood. Durch geschickte Kameraführung, kurze Voice-Over-Einschübe oder visuelle und musikalische Akzente gelingt es jedoch, die charakteristische Atmosphäre des Romans weitgehend beizubehalten. Bereits der ausgedehnte Vorspann stimmt die Zuschauer mit kreativen filmischen Mitteln auf Scouts kindliche Perspektive ein.

Obwohl auch die Kinderrollen mit Philip Alford (Jem), Mary Badham (Scout) und John Megna (Dill) hervorragend besetzt sind, ist der bis heute andauernde Erfolg des Films ohne Gregory

Peck nicht zu denken. Über die Frage, wer die Hauptperson des Romans ist, kann man streiten, aber was den Film angeht, ist Atticus der unbestrittene Mittelpunkt. Peck hatte nach eigenem Bekunden in seiner bisherigen Karriere nie eine Filmrolle gespielt, in der er sich wirklich wohlfühlen konnte, und war der Meinung, als Schauspieler stets hinter seinen Möglichkeiten zurückgeblieben zu sein. Zum ersten Mal fiel ihm nun eine Aufgabe zu, die es ihm erlaubte, sein beachtliches Können voll zu entfalten. Für ihn war klar, dass *Mockingbird* in erster Linie ein Film über Atticus werden musste, und für dieses Ziel machte er seinen ganzen Einfluss geltend. Barton Palmer urteilt in seiner Monografie über das Verhältnis von Buch und Film:

> *[...] the film as we know it belongs decisively to Atticus rather than to Scout and Jem.*[17]

Szene im Gerichtssaal

Eindeutiger Höhepunkt des Films ist die Gerichtsverhandlung. Sie hat mit 30 Prozent einen doppelt so hohen Anteil an der Spieldauer des Films als die entsprechenden Kapitel am Gesamtumfang des Romans. Atticus' abschließendes Plädoyer stellt die weitaus längste zusammenhängende Textpassage des Drehbuchs dar. Nicht zuletzt diese Szene hat dazu beigetragen, dass im Bewusstsein des Publikums Atticus Finch und Gregory Peck ein und dieselbe Person geworden sind. Besonders im Hinblick auf die Rezeption des Films in den Vereinigten Staaten gilt Palmers Feststellung:

> *As Atticus, he became Mockingbird's iconic image, and the impression that the film made on American culture is due largely, if by no means completely, to his performance.*[18]

# Literaturhinweise

**Primärtext**

LEE, HARPER: *To Kill a Mockingbird.* Arrow Books, Random House: London 2006.

**Sekundärtexte**

JOHNSON, CLAUDIA DURST: *To Kill a Mockingbird – Threatening Boundaries.* Twayne: New York 1994. (Untersuchung des literarischen und historischen Hintergrunds und Darstellung verschiedener Interpretationsansätze.)

SHIELDS, CHARLES J.: *Mockingbird – A Portrait of Harper Lee.* Holt: New York 2006. (Ausführliche Biografie mit detaillierter Entstehungsgeschichte des Romans.)

BLOOM, HAROLD (Hrsg.): *Harper Lee's To Kill a Mockingbird.* Bloom's Modern Critical Interpretations, Chelsea House: New York 2007. (Beiträge verschiedener Autoren u. a. zu Rezeptions- und Wirkungsgeschichte.)

PALMER, R. BARTON: *Harper Lee's To Kill a Mockingbird – The Relationship between Text and Film.* Methuen Drama, Black: London 2008. (Monografie zur Entstehung des Films mit Analysen und Interpretationen.)

MADDEN, KERRY: *Harper Lee.* Viking, Penguin Young Readers Group: London 2009. (Illustrierte Kurzbiografie mit Betonung des autobiografischen Hintergrunds von *Mockingbird.*)

Das *Newquist Interview* ist enthalten in:

NEWQUIST, ROY: *Counterpoint.* Rand McNally: Chicago 1964.

Das Drehbuch zum Film ist enthalten in:

FOOTE, HORTON: *Three Screenplays.* Grove Press: New York 1989

# Anmerkungen

1 Palmer, S. 250
2 Shields, S. 271
3 Madden, S. 152
4 Wie viele andere Figuren im Roman hat Boo ein reales Vorbild. In seinem Fall ist es der Nachbarsjunge Alfred Boulware, genannt Son, der 1952 im Alter von 42 Jahren an Tuberkulose starb und auf dem Baptistenfriedhof in Monroeville begraben liegt. Truman Capote beschreibt ihn als "[...] a terribly shy young man [...] who left presents for children in the knothole in a tree. [...] We used to go and get those things out of the trees. Everything she [Harper Lee] wrote about it is absolutely true." (Madden, S. 60f.)
5 Im Film wird aus dem brutalen Mord ein Unglück. Im Drehbuch heißt es: "They were taking him to Abbotsville [...]. Tom broke loose and ran. The deputy called out to him to stop. Tom didn't stop. He shot at him to wound him and missed his aim. Killed him." (Foote, S. 70)
6 Shields, S. 128
7 Palmer, S. 16
8 Newquist Interview
9 In den Südstaaten Arkansas, Florida, Mississippi, Tennessee und Texas wurde der Vogel zum offiziellen Emblem („state bird") gewählt.
10 Darauf weist der Titel der 1962 erschienenen deutschen Romanausgabe hin: „Wer die Nachtigall stört ...". Allerdings ist „stören" keine adäquate Übersetzung von „to kill".
11 Bloom, S. 37 f.
12 Newquist Interview
13 Johnson, S. 10
14 Bloom, S. 43

15 ebd.

16 vgl. *Mockingbird,* S. 160: “This was Atticus’s dangerous question: ‘Do you really think you want to move there, Scout?’ Bam, bam, bam, and the checker-board was swept clean of my men.” Die Rede ist von „checkers“, dem Damespiel, bei dem ein Stein verloren ist, wenn er von einem gegnerischen übersprungen wird. Es gibt „men“ (einfache Steine), aus denen durch Aufeinanderlegen „kings“ (Damen) werden können. Daher sagt Scout: “[The question] meant somebody’s man would be jumped.” (S. 167)

17 Palmer, S. 207

18 Palmer, S. 199

## Richtig lernen, bessere Noten

# 7 Tipps wie's geht

**1.** ***15 Minuten geistige Aufwärmzeit*** Lernforscher haben beobachtet: Das Gehirn braucht ca. eine Viertelstunde, bis es voll leistungsfähig ist. Beginne daher mit den leichteren Aufgaben bzw. denen, die mehr Spaß machen.

**2.** ***Ähnliches voneinander trennen*** Ähnliche Lerninhalte, wie zum Beispiel Vokabeln, sollte man mit genügend zeitlichem Abstand zueinander lernen. Das Gehirn kann Informationen sonst nicht mehr klar trennen und verwechselt sie. Wissenschaftler nennen diese Erscheinung „Ähnlichkeitshemmung".

**3.** ***Vorübergehend nicht erreichbar*** Größter potenzieller Störfaktor beim Lernen: das Smartphone. Es blinkt, vibriert, klingelt – sprich: Es braucht Aufmerksamkeit. Wer sich nicht in Versuchung führen lassen möchte, schaltet das Handy beim Lernen einfach aus.

**4.** ***Angenehmes mit Nützlichem verbinden*** Wer englische bzw. amerikanische Serien oder Filme im Original-Ton anschaut, trainiert sein Hörverstehen und erweitert gleichzeitig seinen Wortschatz. Zusatztipp: Englische Untertitel helfen beim Verstehen.

**5.** ***In kleinen Portionen lernen*** Die Konzentrationsfähigkeit des Gehirns ist begrenzt. Kürzere Lerneinheiten von max. 30 Minuten sind ideal. Nach jeder Portion ist eine kleine Verdauungspause sinnvoll.

**6.** ***Fortschritte sichtbar machen*** Ein Lernplan mit mehreren Etappenzielen hilft dabei, Fortschritte und Erfolge auch optisch sichtbar zu machen. Kleine Belohnungen beim Erreichen eines Ziels motivieren zusätzlich.

**7.** ***Lernen ist Typsache*** Die einen lernen eher durch Zuhören, die anderen visuell, motorisch oder kommunikativ. Wer seinen Lerntyp kennt, kann das Lernen daran anpassen und erzielt so bessere Ergebnisse.